# Dar intuicji

Joseph Murphy

# Dar intuicji

*Myśli kształtują życie*

KOS
Wydawnictwo KOS
KATOWICE 2007

Tytuł oryginału:
**PSYCHIC PERCEPTION: THE MAGIC OF EXTRASENSORY POWER**

Tłumaczenie z języka angielskiego:
**Jacek Konarski**

Projekt okładki:
**Wydawnictwo KOS**

Redakcja:
**Jacek Konarski**

Korekta:
**Mariusz Grygierczyk**

Typografia i łamanie:
**Ryszard Liebich – Wydawnictwo KOS**

Cytaty biblijne w polskim przekładzie pochodzą z *Biblii Tysiąclecia*.



**ISBN 978-83-60528-53-2**

Wydawnictwo KOS
ul. Agnieszki 13
40-110 Katowice
tel./faks (032) 2584-045, (032) 2582-720, (032) 2540-273
tel. (032) 2582-648
e-mail: kos@kos.com.pl, kos@beep.pl
http://www.kos.com.pl

Druk i oprawa: GDM, 40-035 Katowice, ul. Kochanowskiego 4
tel. +48 32 201 18 96 • fax +48 32 201 18 97 • e-mail: graph@graph.com.pl • www.graph.com.pl

# Spis treści

# Co zyskasz, czytając tę książkę

- Każdy człowiek dysponuje wewnętrzną, duchową mocą, dzięki której może mieć świadomość istnienia zdarzeń i doświadczeń przekraczających zwyczajne zmysłowe poznanie. Możesz się łatwo nauczyć korzystać z tych pozazmysłowych, duchowych mocy, dzięki czemu wzbogacisz swe codzienne życie w stopniu, który cię zadziwi.

Rzesze ludzi na różnych etapach swojego życia mają nieustannie do czynienia z takimi faktami, jak jasnowidzenie (postrzeganie rzeczy i sytuacji na odległość), prekognicja (poznanie przyszłych zdarzeń jako aktualnie istniejących w naszym umyśle), retrognicja (zdolność poznawania wydarzeń, które miały już miejsce), telepatia (mentalna komunikacja z inną osobą, przekraczająca ograniczenia czasu i przestrzeni). Takie możliwości poznawcze ma każdy z nas.

Dowiesz się z tej książki, jak wiele osób korzystając z pozazmysłowego poznania uratowało życie swoich bliskich, przeciwdziałało wypadkom, uniknęło finansowej klęski i dokonało wielu innych rzeczy, które w codziennym życiu mają ogromne znaczenie.

Książka ta nauczy cię stawiać czoła różnym wyzwaniom i pokonywać codzienne trudności; wyjaśni ci, w jaki sposób można nawiązać kontakt z Nieskończoną Uzdrowicielską Obecnością w tobie i zapozna cię z technikami, które pomogą ci natychmiast uaktywnić drzemiące w tobie niezwykłe moce dla dobra twojego i bliskich ci osób.

## Owoce pozazmysłowego postrzegania

• Nauczałem i pisałem na temat snów, jasnowidzenia, doświadczeń spoza ciała i innych cudotwórczych mocy umysłu przez ponad trzydzieści lat w kraju i poza jego granicami. Przez całe życie miałem do czynienia z pozazmysłowym postrzeganiem i często wiedziałem o wydarzeniach, zanim nastąpiły – w niektórych przypadkach nawet dwadzieścia lat wcześniej. Byłem świadkiem ogromnych zmian w życiu niezliczonej ilości ludzi, którzy szczerze i z prostotą korzystali ze swych duchowych mocy:

— bogactwo spadało na nich jak lawina,
— odkrywali ukryte w sobie skarby,
— doznawali uzdrowienia z nieuleczalnych chorób,
— odnajdywali zagubionych przyjaciół czy krewnych,
— doznawali dobrodziejstw astralnych podróży i pozacielesnych doświadczeń,
— ratowali życie innych osób dzięki przeświadczeniu o zbliżającym się niebezpieczeństwie,
— znajdowali we śnie precyzyjne rozwiązania swoich codziennych problemów,
— zawierali szczęśliwe małżeństwa,
— odkrywali nowe idee, pomocne w sprzedaży czy biznesie,
— zapobiegali wielu tragediom,
— a poza tym wszystkim odczuwali ogromną satysfakcję ze spełnienia swoich pragnień.

## Dobro dostępne dla wszystkich

• Z moich obserwacji wynika, że mężczyźni i kobiety, którzy korzystają z pozazmysłowego poznania w swym codziennym życiu pochodzą z różnych warstw społecznych i wszelkich możliwych środowisk. Są to taksówkarze, gospodynie domowe, stenografowie, lekarze, studenci, profesorowie wyższych uczelni, gwiazdy kina, farmaceuci, badacze kosmosu, kierowcy ciężarówek... Ludzie ci doświadczyli cudów zdyscyplinowanej wyobraźni, opuściło ich poczucie samotności i wiele szkodliwych obsesji. Udało im się dzięki temu rozwiązać wiele trudnych problemów, uniknąć tragedii, uwolnić się od lęku przed tzw. voodoo czy „złym okiem"[1], jak również przed innymi rodzajami psychicznych ataków. Pozazmysłowe poznanie przyniosło im pokój umysłu i ufność w zwycięstwo w każdej sytuacji oraz wiarę, że można żyć w nowy, lepszy sposób.

## Unikalna cecha tej książki

- Książka ta jest niezwykle użyteczna. Dowiesz się z niej, jak korzystać ze zdolności do wizualizowania przyszłych wydarzeń i – gdyby miały negatywny charakter – jak je przemienić dzięki afirmatywnej modlitwie. Nauczysz się, jak rozwinąć swoją intuicję oraz inne duchowe moce, które postawią cię na szerokiej drodze do szczęścia, pokoju umysłu i wolności od wszelkich ograniczeń.

Książka ta zawiera fascynujące relacje z pozacielesnych doświadczeń, zwanych czasami podróżami astralnymi; jest w niej mowa o jasnowidzeniu, jasnosłyszeniu i o tym, w jaki sposób pozazmysłowe postrzeganie może ci służyć; dowiesz się z niej również o tym, jak duchowo rozwinięte jednostki mogą się pojawiać i znikać zgodnie ze swą wolą, oraz o tym, jak komunikować się z bliskimi, którzy odeszli do następnego wymiaru. Znajdziesz tu *za* i *przeciw* reinkarnacji oraz wyjaśnienie, dlaczego nie akceptuję popularnych przekonań na ten temat. Pozwoliłem sobie zaprezentować tu nowe spojrzenie na temat reinkarnacji oraz komunikacji z tzw. zmarłymi. Przedstawiłem te wielkie prawdy z maksymalną prostotą i jasnością.

Książka ta pokaże ci, jak rozwiązać swoje codzienne problemy i jak otworzyć się na przewodnictwo i błogosławieństwo, które jest owocem

[1] *Malocchio*, „złe oko" – wg wierzeń ludowych złe spojrzenie przynoszące nieszczęście, rzucające urok (etym. z łac. *malus oculus* – „złe oko") – przyp. tłum.

poszerzenia świadomości. Już dzisiaj pozwól, by w twoim życiu działy się cuda. Użyj tej książki, aby nauczyć się korzystania z pozazmysłowego postrzegania, które da ci możliwość kierowania swoim życiem tak, jak sobie tego życzysz.

*Autor*

ROZDZIAŁ 1.

# Niezwykłe możliwości umysłu

Zaczynam pisać tę książkę w przepięknym hotelu Kona Inn w miejscowości Kailua Kona na największej z hawajskich wysp, zwanej Wielką Wyspą. Nad lśniącą taflą oceanu unoszą się setki żagli. Wczoraj miałem przyjemność odbyć krótką wycieczkę na jednym z kutrów rybackich. Na tym statku był około dwunastoletni chłopiec, który uczył się trudnej sztuki nawigacji. Gdy mu powiedziałem, czego mam zamiar na tej wyspie dokonać, a mianowicie napisać książkę na temat zjawisk pozazmysłowych, on mi oznajmił, że miesiąc temu na wyspie Oahu, odległej o kilkaset mil od miejsca, w którym się znajdowaliśmy, umarł jego ojciec. Odległość nie miała jednak żadnego znaczenia. Chłopiec wiedział o tym fakcie i oznajmił to swojej mamie: „Mamo, tata nie żyje. Widziałem go i rozmawiałem z nim". Śmierć jego ojca została potem potwierdzona telefonicznie.

Umysł przekracza ograniczenia czasowo-przestrzenne, więc gdy ojciec tego chłopca umierał czy też przechodził do innego wymiaru istnienia, pragnął, żeby jego najbliżsi o tym wiedzieli. Jego syn, który miał bardzo rozwinięte zdolności parapsychiczne i który był otwarty na ten wymiar doświadczenia, odebrał tę wiadomość telepatycznie. Chłopak ten miał także wizję ojca, który mu się ukazał, mówiąc: „Do widzenia".

Prawda jest taka, że każdy człowiek ma takie psychiczne zdolności. Są one jednak mniej lub bardziej uśpione i często tłumione, ponieważ są przyczyną drwin ze strony najbliższych.

# Ty też jesteś jasnowidzem

• Ile razy zdarzyło ci się coś takiego, że myślałeś o jakiejś osobie, a potem usłyszałeś dzwonek telefonu i od razu wiedziałeś, że to właśnie ten przyjaciel dzwoni. A może odczuwałeś, że potrzebuje cię ktoś ci bliski, i dzwoniąc do tej osoby przekonałeś się, że intuicja cię nie zawiodła.

Rankiem podczas śniadania w jednej z pięknych japońskich restauracji gawędziłem z pewnym mężczyzną z pochodzenia Japończykiem, lecz tu urodzonym. Wspomniałem mu, że piszę książkę na temat zjawisk parapsychicznych. Wtedy on zapytał mnie, czy nie mógłbym spróbować pomóc dziewczynie, która powoli umiera w przekonaniu, że ktoś na Tahiti rzucił na nią urok. Poszliśmy do jej domu, gdzie spędziłem z nią kilka godzin. Wyjaśniłem jej, że sugestie innych ludzi nie mają nad nami mocy, chyba że oddamy im władzę nad sobą, ale wtedy będzie to już autosugestia. To właśnie ją niszczyło. Stawało się dla niej jasne, że była ofiarą sugestii i że jej jedynym nieprzyjacielem był lęk czający się w jej umyśle. Hiob powiedział: *bo spotkało mnie, czegom się lękał, bałem się, a jednak to przyszło* (Hi 3, 25).

Dziewczyna ta wychowywała się żeńskim klasztorze, dzięki czemu otrzymała solidną religijną formację. Przypomniałem jej więc następujące wielkie prawdy: *Jeżeli Bóg z nami, któż przeciwko nam?* (Rz 8, 31); *...bo Ja jestem z tobą i nikt nie targnie się na ciebie, aby cię skrzywdzić...* (Dz 18, 10); *Oto dałem wam władzę stąpania po wężach i skorpionach,* *i po całej potędze przeciwnika, a nic wam nie zaszkodzi* (Łk 10, 19). *Nie spotka zło żyjących uczciwie, ale u grzesznych pełno nieszczęścia* (Prz 12, 21). *Niedola nie przystąpi do ciebie, a cios nie spotka twojego namiotu...* (Ps 91, 10); *Na rękach będą cię nosili, abyś nie uraził swej stopy o kamień* (Ps 91. 12); *Choć tysiąc padnie u twego boku, a dziesięć tysięcy po twojej prawicy: ciebie to nie spotka* (Ps 91, 7).

Recytowaliśmy te prawdy głośno. Zasugerowałem jej, żeby – jeśli kiedykolwiek ogarną ją owe przygnębiające myśli – natychmiast afirmowała: „Żyję życiem Boga". Wyjaśnienie przyniosło uzdrowienie i ku wielkiemu zdziwieniu mojego japońskiego przyjaciela dziewczyna z apetytem zjadła z nami lunch z okazji Święta Dziękczynienia, żartując i śmiejąc się radośnie. Na odchodnym powiedziała mi: „Nigdy już nie będę wątpić, że jest tylko jedna Moc, która działa dla naszego dobra". Dziewczyna ta cieszy się obecnie życiem. Zrozumienie przyczyny swych trudności dało jej nowe istnienie.

W ten poranek w Dniu Dziękczynienia zaplanowałem zjeść śniadanie w hotelu Kona Inn, gdzie się zatrzymałem, lecz nieodparte przekonanie skłoniło mnie, aby iść ulicą, aż dojdę do japońskiej restauracji z napisem: „Śniadań nie podajemy". To było właśnie tam, gdzie spotkałem mężczyznę, który szukał pomocy dla wspomnianej wcześniej dziewczyny. Do tej pory odwoływał się do medycyny i pastoralnego doradztwa, ale bez większego skutku: dziewczyna nie słuchała ani lekarzy, ani duchowych doradców, utwierdzając się w przekonaniu, że jej śmierć jest bliska. Ów mężczyzna bardzo to przeżywał, ponieważ chciał się z nią ożenić.

W moim przypadku była to pozazmysłowa percepcja w działaniu. Nieskończona Inteligencja ukryta w mojej podświadomości zmusiła mnie do tego, aby pójść do tej konkretnej restauracji i spotkać się tam z ową zagubioną duszą i pomóc jej rozwiązać przytłaczający ją problem. Ta twórcza Inteligencja przyprowadziła nas tam zgodnie z Boskim zamysłem. Rzeczywiście „człowiek nie zna przyczyn swoich działań".

## WDZIĘCZNOŚĆ WYRAŻONA PRZEZ TELEFON

• Gdy po południu pisałem ten rozdział, odebrałem telefon z wyspy Maui. Dzwoniła do mnie przyjaciółka, którą odwiedziłem kilka dni wcześniej, lecąc tam z Big Island. Miała dla mnie bardzo ekscytującą wiadomość. Otóż lekarz, za którego się modliliśmy i który był przykuty do łóżka, zadzwonił do niej mówiąc: „We wtorek coś się w moim życiu wydarzyło. Ogarnęło mnie dziwne uczucie i poczułem uzdrawiającą moc przepływającą przeze mnie". A dziś moja przyjaciółka mówi mi, że ten lekarz właśnie wychodzi na lunch, gdyż czuje się znakomicie.

W jego życiu ujawniło się działanie pozazmysłowej percepcji. W tym przepięknym domu na Maui, gdzie miałem przyjemność gościć, moja znajoma poprosiła: „Pomódlmy się za mojego przyjaciela, który jest lekarzem i który tak nieszczęśliwie uszkodził swój kręgosłup, że nie może ani pracować, ani nawet chodzić i jest zmuszony leżeć bezsilnie w łóżku". Złączyliśmy więc swoje ręce modląc się w ten sposób: „Lekarz ten jest obecny w Boskim Umyśle, który wszystko wie. Nieskończona Uzdrowicielska Obecność, która go stworzyła, wie również, w jaki sposób przywrócić mu pełne zdrowie. Ożywiająca, uzdrawiająca i pełna energii Moc Nieskończonego przepływa teraz przez jego ciało, czyniąc go na powrót scalonym i doskonałym. Rzeka pokoju i miłości przenika całe jego jestestwo, a cudotwórcza moc Nieskończonego Życia ożywia i podtrzymuje go tak, żeby w tym momencie każdy atom jego ciała tańczył w rytm Odwiecznej Boskiej Obecności w nim".

Rozważaliśmy te prawdy przez cztery czy pięć minut, mając świadomość, że Uzdrowicielska Moc została w nim wskrzeszona, zaś ten telefon był odpowiedzią na naszą wiarę w działanie Nieskończonej Uzdrowicielskiej Obecności. *Lecz powiedz słowo, a mój sługa będzie uzdrowiony* (Łk 7, 7). To biblijne wyrażenie nie sugeruje, że posyłasz komuś jakąś uzdrowicielską falę czy myśl, lecz raczej że posiadasz głębokie wewnętrzne uczucie, świadomość czy przekonanie, że Uzdrowicielska Miłość Boga jest teraz wskrzeszana w podświadomości innej osoby. Jeżeli masz tę świadomość, nastąpi uzdrowienie. To oczywiście zakłada otwarcie tej osoby na to, o co się modlisz. Pozazmysłowa percepcja (*psychic percep-*

*tion*) działa dla twojego dobra. *Psyche* oznacza duszę, umysł czy ducha, *percepcja* oznacza świadomość prawdy o innej osobie czy sytuacji. Pozazmysłowa percepcja to wewnętrzne widzenie prawdy, niezależnie od tego, czy dotyczy to rzeczywistości metafizycznej, nawigacji czy czegokolwiek innego.

## Spełniony sen

• Przeprowadziłem kiedyś bardzo interesującą rozmowę z pewnym taksówkarzem. Jego ojciec był Chińczykiem, zaś matka pochodziła z Hawajów. Powiedział mi, że pięć lat temu przyłapał się na tym, jak ciągle szybko powtarzał te oto słowa: „Potrzebuję więcej zdrowia. Potrzebuję domu dla mojej rodziny". A potem pewnej nocy miał bardzo wyraźny sen, w którym ukazał się mu chiński mędrzec, wskazując na posiadłość blisko Kona Coast i zachęcając do jej kupna. Ów mężczyzna kupił tę posiadłość, która dziś warta jest piętnaście razy więcej niż wtedy.

Ten sen uczynił go bogatym człowiekiem. Przesłanie pochodziło z głębin jego podświadomości, o której działaniu ten prosty człowiek nie miał najmniejszego pojęcia. Tymczasem jego podświadomość pracowała dla niego, gdy on spokojnie, z uczuciem i głębokim przekonaniem powtarzał: „Potrzebuję więcej pieniędzy. Potrzebuję nowego domu i kiedyś spełni się moje pragnienie". Choć nie był świadomy mocy swego głębszego umysłu, to jednak ten właśnie umysł przemówił do niego w formie snu. Mężczyzna zinterpretował go jak najbardziej poprawnie i postępował zgodnie z nim. Biblia mówi: *[Pan* (prawo twej podświadomości) *rzekł:] „Słuchajcie słów moich: Jeśli jest u was prorok, objawię mu się przez widzenia, w snach będę mówił do niego* (Lb 12, 5-6).

## Czy poddać się operacji

• Pewna młoda sekretarka wspomniała mi, że modliła się o rozeznanie, czy powinna operować swoją stopę. Przez pięć nocy powtórzył się jej pewien sen, w którym za każdym razem widziała mężczyznę, który mówił: „Patrz na postać z *I Ching*". Podeszła do mojego biurka i powiedziała: „Widzę, że czyta pan księgę *I Ching*. Nigdy o niej nie słyszałam, ale mój sen musi mieć jakieś znaczenie".

Wyjaśniłem jej pokrótce matematyczną zasadę stojącą za *I Ching*, a wtedy ona zapytała: „Czy moja noga zostanie wyleczona dzięki masażowi i terapii ultradźwiękami?". Odpowiedź brzmiała: „Wyzwolenie", a więc jak najbardziej tak. Kobieta ta była bardziej niż zachwycona. Wykrzyczała natychmiast: „To najcudowniejsza odpowiedź, jaką mogłam usłyszeć i czuję w sercu, że to prawda. Wczoraj byłam u lekarza, który zapewnił mnie, że wyzdrowieję".

Szukała odpowiedzi, a podświadomość kierowała jej uwagę na *I Ching*. Dlaczego? Trudno powiedzieć. Izajasz mówi: *Bo jak niebiosa górują nad ziemią, tak drogi moje – nad waszymi drogami i myśli moje – nad myślami waszymi* (Iz 55, 0).

## Wolność od samotności

• Jakieś trzy lata temu w trakcie wizyty na tej hawajskiej wyspie pewna kelnerka opowiedziała mi o swojej samotności i trudnościach w znalezieniu odpowiedniego mężczyzny. Przedstawiłem jej wtedy bardzo starą, a zarazem prostą technikę programowania podświadomości. Zgodnie z moimi instrukcjami zaczęła sobie żywo wyobrażać obecność zaręczynowego pierścionka na swym palcu. Powtarzała tę praktykę każdego dnia, gdy kładła się spać, podchodząc do tego jako wspaniałego i spełnionego faktu. Odczuwanie pierścionka na palcu sugerowało jej, że jest już kobietą zamężną, że poślubiła idealnego mężczyznę, z którym tworzy udaną parę.

Ta młoda kobieta przedstawiła mnie swemu mężowi tego popołudnia na basenie w Kona Inn. Są idealnym małżeństwem. Wyznała mi również, że przekazała tę prostą technikę dwóm swoim siostrom, które także szczęśliwie wyszły za mąż. W wyniku prostego powtarzania kobieta przekazała tę ideę swojej podświadomości, a mądrość podświadomości odpowiedziała na swój sposób, łącząc ją z jej przyszłym mężem zgodnie z Boskim zamysłem. Oto pozazmysłowa percepcja czy też – by to powiedzieć inaczej – „prawo przyciągania w działaniu".

## Monologiczna formuła

• Wiele spośród osób, które do mnie przychodzą poradzić się w kwestiach finansowych, czyni zastrzeżenie w rodzaju: „Pieniędzy nigdy za dużo". Proponuję im wtedy bardzo prostą, jednosłowną, a więc „monologiczną" formułę. W tym wypadku brzmi ona „bogactwo". Pytam więc każdą z tych osób: „Czy wierzysz w bogactwo?". I każda z nich odpowiada: „Ależ oczywiście. Wszędzie widzę bogactwo" lub coś w tym rodzaju.

Oto, co ci powiem: „Gdy idziesz ulicą i patrzysz na świat wokół siebie, widzisz świątynie, kościoły, banki i sklepy pełne różnych rzeczy; widzisz tysiące samochodów i niezliczoną ilość urządzeń wszelkiego rodzaju. Wszystko to jest owocem działania ludzkiego umysłu. Każde urządzenie czy wynalazek, taki jak radio, telewizja, samochód, komputer, bankomat, dom czy drapacz chmur był kiedyś niewidzialny w tym sensie, że człowiek przechowywał jego ideę czy też obraz w swym umyśle, wzmacniał ten obraz mentalnie i emocjonalnie, zaś jego podświadomość popychała go do działania. Co więcej, umysł człowieka przyciągnął wszystko, co było konieczne do realizacji jego marzeń. Na świecie jest wystarczająco dużo materiału, żeby każdego mężczyznę ubrać jak króla, a kobietę jak królową, natura jest bowiem szczodra i rozrzutna. Patrz na jej różnorodne skarby, rozsiane w ziemi, powietrzu i morzu, które jeszcze nie rozstały dostrzeżone i zagospodarowane.

Po takich wstępnych uwagach na temat bogactwa moi słuchacze zaczynają rozumieć, że bogactwo jest stanem umysłu – po prostu ideą czy obrazem – i gdy ta idea jest umacniana, podświadomy umysł wprawia w ruch świadomość konkretnej jednostki, a prawo przyciągania przyciąga do niej bogactwo duchowe, mentalne czy materialne. Sposób działania jest tu niezwykle prosty: każdy z nas każdego wieczoru winien kłaść się spać, mając w głowie tylko jedno słowo – „bogactwo" – dobrze wiedząc, co to słowo znaczy.

Gdy ci ludzie powoli, spokojnie, z zaangażowaniem i nieustannie powtarzają słowo „bogactwo", dochodzi do tego, że idea bogactwa wypełnia ich podświadomość, która potem ujawnia ukryte talenty i otwiera drzwi do nowych idei, wynalazków czy odkryć albo prowadzi ich do skarbów ziemi, jak również do duchowych i mentalnych bogactw ukrytych w nich samych.

Gdy ludzie z pełnym przekonaniu realizują te instrukcje, rezultat jest zawsze bardzo dobry. Tych zaś, którym się to nie udaje, trzeba korygować w posługiwaniu się tą prostą techniką, ponieważ w stanie pełnej świadomości zazwyczaj zaprzeczają temu, co wieczorem afirmują, a działając w ten sposób neutralizują proklamowane w afirmacjach dobro. Gdy zmienia się ich nastawienie, skutek jest jak najbardziej pozytywny. Kiedy więc w ich umysły wkrada się myśl w rodzaju: „Nie zarobię na nowy samochód", natychmiast muszą afirmować: „Bogactwo jest moim udziałem". Po chwili idea bogactwa staje się integralną częścią ich świadomości i można zauważyć, jak to wszystko działa. Wszystko bowiem jest owocem naszego myślenia.

## Skuteczność monologicznej formuły

• Jeden z moich przyjaciół, geolog, został kilka miesięcy temu wysłany do Australii, żeby ocenić sytuację w kopalniach w zachodniej części tego kraju. Zaopatrzono go w odpowiednie plany i mapy, lecz nikt mu nie powiedział, że przed nim badało ten obszar dwóch znakomitych geologów, którzy dysponowali potrzebnym sprzętem i których relację można skwitować jednym dobitnym słowem: „Niestety". Tymczasem mój przyjaciel już na drugi dzień po przybyciu na wskazany teren odkrył tam pokłady srebra i uranu.

Warto wiedzieć, że przez jakiś czas przed podróżą do Australii każdego dnia zasypiał z jednym słowem w głowie. Było to „bogactwo". I w ten sposób podświadomość zaprowadziła go tam, gdzie było bogactwo. Ten sam geolog odkrył także złoża ropy naftowej i inne ziemne bogactwa. Wiedział bowiem, że źródłem bogactwa jest umysł i że jeśli tam je najpierw znajdzie, to dotrze też w inne miejsca jego występowania – w morzu czy na lądzie. Tamci geolodzy nie posiadali wewnętrznego bogactwa, więc ziemskie skarby się im nie ujawniły.

## Monologiczna formuła pewnej sekretarki

• Z ogromną przyjemnością słuchałem kiedyś sekretarki, która pewnej niedzieli przybyła na mój wykład w Wilshire Ebell Theatre w Los Angeles. Powiedziała wtedy: „Gdyby ktoś jeszcze rok temu powiedział mi, że będę jeździć luksusowym samochodem, nosić futro z norek, drogie diamenty i szafiry; że będę mieszkać we własnym domu oraz że poślubię wspaniałego mężczyznę, z pewnością bym go wyśmiała". Owa młoda kobieta bardzo poważnie potraktowała moją instrukcję i postanowiła ją zastosować. Wspomniała o tym swoim koleżankom z biura, które szczerze śmiały się z tej idei. Jednak po trzech miesiącach wspomnianej praktyki szczęście i bogactwo spłynęły na nią obficie.

## Rozwiń moc swego umysłu

• Każdego wieczoru relaksuj swoje ciało afirmując spokojnie: „Palce moich stóp są zrelaksowane, całe moje stopy są zrelaksowane. Rozluźnione są moje kostki i kolana. Zrelaksowane są moje uda i mięśnie brzucha. Wyciszone jest moje serce i uspokojone płuca. Rozluźniona jest moja szyja, ręce i ramiona. Zrelaksowana jest moja głowa, oczy i wszystkie mięśnie twarzy. Rozluźnione jest całe moje ciało, a ja doświadczam pokoju". Tego rodzaju afirmacja zrelaksuje twoje ciało w cudowny sposób.

Tak zrelaksowany jesteś w stanie wprowadzić w swoją podświadomość – krótko przed nocnym spoczynkiem – następujące idee: „Nieskończona Inteligencja ukryta w mej podświadomości odsłania przede mną wszystko to, co powinienem wiedzieć w każdym momencie czasu i w każdym punkcie przestrzeni. Boska Inteligencja towarzyszy mi na wszystkich drogach. Bez trudu rozpoznaję docierające do mnie intuicje i mam jasność każdej sytuacji: słyszę prawdę, widzę prawdę i znam prawdę. Bezbłędnie rozpoznaję motywy postępowania innych osób, a gdy nie są one szlachetne, przekształcam je mocą Boskiej miłości. Wprowadzam pokój i harmonię wszędzie tam, gdzie panuje niezgoda. Moim udziałem jest Boska harmonia. Boską wolą jest, bym osiągnął sukces. Boska mądrość przenika moje działanie. Wszystko w moim życiu toczy się zgodnie z Boskim porządkiem. Boski pokój wypełnia teraz moją duszę. Boska miłość przenika teraz całe me jestestwo. Oświeca mnie Boska mądrość, budząc we mnie zdolności pozazmysłowego postrzegania. Jedynym głosem, jaki słyszę, jest głos Boga pochodzący z mego wnętrza, a moja nowa zdolność postrzegania pozwala mi dostrzec pokój tam, gdzie jest niezgoda; miłość tam, gdzie jest nienawiść; radość tam, gdzie obecny jest smutek; pokój tam, gdzie nie brak bólu, i życie tam, gdzie jest tak zwana śmierć".

***Jesteś tym, co kontemplujesz – Bogiem albo ziemskim pyłem.***

## ZAPAMIĘTAJ

1. Dwunastoletni chłopiec biegnie do domu i mówi do matki: „Tato nie żyje. Widziałem go i rozmawiałem z nim". Potem fakt ten zostaje potwierdzony telefonicznie. Znaczy to, że każdy człowiek posiada tego rodzaju możliwości poznawcze. Chłopiec ten miał wizję swego ojca, który ukazał mu się mówiąc: „Do widzenia".
2. Ty również masz takie zdolności. Czy nie zdarzyło ci się kiedyś, że myślałeś o jakiejś osobie, a po chwili zadzwonił telefon i ty byłeś pewien, że to ona? Albo czy nie odczuwałeś, że ktoś ci bliski potrzebuje twej pomocy i gdy do niego zatelefonowałeś, przekonałeś się, że właśnie tak było?

3. Kobieta, która powoli umierała tylko dlatego, że sądziła, iż ktoś na Tahiti rzucił na nią urok, uzdrowiła samą siebie dzięki uświadomieniu sobie tej oto prostej prawdy: „Ożywia mnie Boskie Życie".
4. Gdy modlisz się za jakąś osobę, nie posyłasz jej jakiejś uzdrawiającej fali czy myśli. Ale twoje duchowe zaangażowanie może sprawić, że Uzdrawiająca Miłość Boga zostanie wskrzeszona w podświadomości tej osoby i w ten sposób osiągasz oczekiwany rezultat.
5. Taksówkarz, który modlił się o powodzenie, miał bardzo wyraźny sen, w którym objawił się mu chiński mędrzec, wskazując na ziemię blisko Kona Coast na Hawajach i sugerując, by ją zakupił. Ów mężczyzna rzeczywiście tak postąpił, a teraz jego ziemia jest piętnaście razy droższa. Popatrz, jak sen może cię wzbogacić.
6. Sekretarka modląca się o przewodnictwo wielokrotnie śni ten sam sen, w którym ukazuje się jej mężczyzna mówiąc: „Spójrz na postać z *I Cing*". Kobieta ta przychodzi do mnie i pyta o *I Cing*: „Czy moja noga zostanie wyleczona dzięki masażowi i terapii ultradźwiękami?". „Wyzwolenie" – to prosta i jednocześnie prawdziwa odpowiedź.
7. Bogactwo jest atrybutem umysłu, tak jak jego częścią jest każde wyobrażenie. Gdy więc przywołujesz je ciągle w monologicznej formule „bogactwo", podświadomość skłania prawo przyciągania do działania i w ten sposób zyskujesz duchowe, mentalne czy materialne dobra.
8. Nigdy nie przecz temu, co afirmujesz, bo w ten sposób zaprzepaszczasz swoje dobro, neutralizujesz je. Jeśli tylko w polu twojej świadomości pojawi się myśl w rodzaju: „Nie stać mnie na nowy samochód", natychmiast afirmuj: „Bogactwo jest wymiarem mojego życia". Czyń tak nieustannie, a wkrótce idea bogactwa przeniknie twoją podświadomość.
9. Geolog zasypiał z jedną myślą: „bogactwo" i dzięki temu podświadomość wskazała mu miejsce, w którym się ono rzeczywiście

znajdowało. W ten sposób został zaprowadzony tam, gdzie ukryte były skarby ziemi.

10. Sekretarka często afirmowała w ten sposób: „Prowadzę luksusowy samochód, noszę futro z norek, drogie diamenty i szafiry. Mieszkam w swoim domu i jestem szczęśliwą mężatką". Po trzech miesiącach wszystkie te afirmacje zostały zrealizowane dzięki nasączeniu nimi jej podświadomości.
11. Możesz rozwijać moc swego umysłu afirmując spokojnie: „Palce moich stóp są zrelaksowane, całe moje stopy są zrelaksowane. Rozluźnione są moje kostki i kolana. Zrelaksowane są moje uda i mięśnie brzucha. Wyciszone jest moje serce i uspokojone płuca. Rozluźniona jest moja szyja, ręce i ramiona. Zrelaksowana jest moja głowa, oczy i wszystkie mięśnie twarzy. Rozluźnione jest całe moje ciało, a ja doświadczam pokoju".

ROZDZIAŁ 2.

# Twoje parapsychiczne możliwości

Każdy człowiek ma dostęp do ponadzmysłowej wiedzy. W trakcie pisania tego rozdziału otrzymałem list od mojej siostry z Anglii, która należy do pewnego zakonu zajmującego się nauczaniem. W liście tym wspomniała mi, że bardzo wyraźnie widziała grupę ludzi, którzy byli w moim domu i modlili się w Wigilię Bożego Narodzenia. W swojej sennej wizji spojrzała na zegar, który wskazywał dokładnie północ. Na tym samym zegarze zauważyła również napis: „Beverly Hills".

Tak się składa, że przez ostatnie dwadzieścia jeden lat spotykałem się z grupą przyjaciół, aby w Wigilię Bożego Narodzenia uczestniczyć w pewnym starożytnym rycie. Dokładnie o północy zanurzaliśmy się w milczeniu, rozważając niektóre starożytne prawdy. Moja siostra spała w tym czasie, lecz mimo to w jakiś sposób uczestniczyła w naszym spotkaniu i dokładnie słyszała moje sugestie, które kierowałem do grupy przed podjęciem medytacyjnej praktyki. Jest tylko jeden umysł, więc gdy siostra myślała o mnie tuż przed snem, w prosty sposób zjednoczyła się z nami i dzięki temu była świadkiem misterium, w którym uczestniczyliśmy.

Tego rodzaju zdolności są udziałem wszystkich ludzi, lecz często zaniedbuje się ich rozwijanie, pogardza się nimi i wyśmiewa je. Musisz wiedzieć, że tego rodzaju parapsychiczne zdolności rozwijają się w tobie „automatycznie", w miarę jak wzrastasz duchowo poprzez modlitwę, studia, medytację i mistyczne praktyki.

## Rozwijanie parapsychicznych zdolności

• Pamiętaj o tym, aby wszystkich psychicznych mocy, którymi dysponujesz, używać wyłącznie po to, aby pomagać ludziom, uzdrawiać ich i inspirować. Nigdy nie używaj tych zdolności tylko po to, żeby odnieść osobistą korzyść albo też żeby kogoś w jakikolwiek sposób poniżyć. Nie możesz również dzięki tym zdolnościom naruszyć czyjegoś prawa do życia, wolności czy szczęścia. Niewłaściwe użycie tychże sił twojego umysłu wywołałoby katastrofalną reakcję w twoim życiu. Powód jest bardzo prosty: w twoim wszechświecie ty sam jesteś jedyną myślącą i odpowiedzialną za wszystko istotą. Twoja myśl, twoja zdolność do kreacji urzeczywistni więc w twoim życiu to, co afirmujesz i do czego jesteś przekonany, gdy chodzi o innych ludzi.

## Odwracanie biegu rzeczy

• Rozmawiałem z pewną młodą kobietą, która bardzo mocno przeżywała nierozstrzygniętą sprawę rozwodową. W ciągu kilku minut, które poświęciliśmy na medytację zamykającą to spotkanie, wszedłem w bardzo pasywny i otwarty stan umysłu. W akcie jasnowidzenia zobaczyłem scenę przedstawiającą tę młodą kobietę jadącą samochodem z grupą przyjaciół. Samochód zderzył się na skrzyżowaniu z ciężarówką i ci wszyscy młodzi ludzie zginęli w jednym momencie. Odwróciłem ten obraz w moim umyśle, dostrzegając w tej kobiecie i wokół niej Boską Obecność i odczuwając, że w każdym momencie życia prowadzi ją Boska miłość.

„Czy zamierzasz może jechać do domu na święta samochodem?" – zapytałem. – „Coś mi mówi 'nie' – odpowiedziała – ale moja przyjaciółka nalega, bym z nią pojechała. Zabierze mnie po drodze i przejedziemy wspólnie kilka mil". Zasugerowałem jej, żeby bez względu na jakiekolwiek okoliczności nie jechała samochodem i żeby posłuchała tego wewnętrznego głosu, które zawsze stara się jej pomóc. W rezultacie zrezygnowała z tej podróży z przyjaciółką i pozostała w domu. Wspomniana przyjaciółka pojechała sama i na skrzyżowaniu najechała na nią ciężarówka, w wyniku czego odniosła bardzo ciężkie rany.

Kiedy w twoim umyśle pojawia się obraz o negatywnym wydźwięku, zmień bieg wydarzeń poprzez wzrost swojej świadomości. Postaraj się również, gdy tylko jest to możliwe, ostrzec konkretną osobę przed niebezpieczeństwem, zachęcając do wsłuchiwania się w wewnętrzne przewodnictwo.

## Parapsychologia

• Zarówno profesor J.B. Rhine z Uniwersytetu Duke'a w Durham w Północnej Karolinie, jak i Brytyjskie Towarzystwo Badań Parapsychologicznych, a także wiele innych poważnych ośrodków naukowych na całym świecie zgromadziło ogromną ilość potwierdzonych przypadków jasnowidzenia, czyli doświadczania różnych rzeczy i sytuacji na odległość. I tak możemy mówić o prekognicji, która jest zdolnością widzenia przyszłych wydarzeń, a które dzieją się „tu i teraz" w umyśle konkretnej osoby. Możemy także mówić o telepatii, która polega na mentalnej komunikacji z innymi, z pominięciem czasoprzestrzennych uwarunkowań. Trzeba też wspomnieć o retrokognicji, która – zgodnie ze znaczeniem tego słowa – nie jest niczym innym, jak tylko zdolnością, będącą udziałem wielu osób, widzenia zdarzeń z przeszłości. Każdy z nas posiada tego rodzaju zdolności.

## PREKOGNICJA UJAWNIAJĄCA SIĘ W LEKTURZE NEKROLOGÓW

• W czasie ostatniej wycieczki do Kona na zachodnim wybrzeżu hawajskiej Wielkiej Wyspy rozmawiałem z kelnerką, która wspomniała mi, że od czasu do czasu informowała swoją rodzinę o przeczytanych w lokalnej gazecie nekrologach mówiących o śmierci ich dalszych, będących już w podeszłym wieku krewnych. Jednak za każdym razem, gdy sprawdzano pod tym kątem zawartość gazet, nie odnajdywano żadnej wzmianki na ten temat. Lecz zazwyczaj po siedmiu czy dziesięciu dniach nekrologi, które ona już „czytała", ukazywały się we wspomnianych gazetach. Tak właśnie wygląda prekognicja.

Gdy ta kobieta była jeszcze małym dzieckiem, jej matka pochodząca z Hawajów powiedziała jej, że będzie miała zdolności przewidywania przyszłych zdarzeń, jak gdyby brała w nich udział. Najwyraźniej słowa te wywarły ogromny wpływ na jej podświadomość, która właśnie w taki sposób realizowała zapisaną w niej sugestię. Będąc w telepatycznym kontakcie ze swoimi krewnymi kobieta ta działała jak odbiornik, przekazujący wiadomość na temat nieuchronnie zbliżającego się odejścia każdego z nich, o czym z kolei wiedziała podświadomość tych osób.

## DZIĘKI POZAZMYSŁOWEJ PERCEPCJI URATOWAŁ SWEGO OJCA

• Jakieś sześć miesięcy temu napisał do mnie pewien mężczyzna, który słuchał moich audycji radiowych. W swoim liście opisał, jak to jadąc autostradą do San Francisco usłyszał nagle swojego ojca, który mówił: „Synu, módl się za mnie! Miałem bardzo groźny atak serca". Mężczyzna ten natychmiast zjechał z drogi, zatrzymał samochód i modlił się za swojego ojca afirmując: „Boży pokój wypełnia serce mego ojca. Bóg go teraz uzdrawia i troszczy się o niego". Wspomniał, że modlił się w ten sposób przez około pół godziny, po czym ogarnęło go doświadczenie głębokiego pokoju.

Wkrótce potem zadzwonił do rodzinnego domu. Matka powiedziała mu wtedy, że ojciec znalazł się w szpitalu z powodu ciężkiego ataku serca, który spotkał go w drodze do pracy. Na szczęście zdołał zatrzymać samochód, nie doprowadzając do żadnego wypadku. Tak się złożyło, że mężczyzna, który jechał tuż za nim, był lekarzem. Natychmiast wysiadł z samochodu i zrobił ojcu konieczny zastrzyk, a następnie zabrał go do najbliższego szpitala. Matka dodała, że ojciec, gdy przeszedł ten ciężki kryzys, powiedział: „Posłałem słowo mojemu synowi i wiem, że jego modlitwy uratowały moje życie”.

Oto przykład jasnosłyszenia. Polega ono na tym, że bardzo wyraźnie słyszysz wewnętrzny głos intuicji czy też głos kogoś ci bliskiego, kto znajduje się tysiące mil od ciebie, jakby czas i przestrzeń nie miały żadnego znaczenia. Dzieje się tak wskutek działania wyższych funkcji twojego umysłu. Ojciec tego mężczyzny miał intensywne pragnienie skontaktowania się ze swoim synem – bardzo uduchowionym człowiekiem – więc jego podświadomość przekazała tę wiadomość synowi, który w tym momencie znajdował się w miejscu oddalonym od niego o jakieś sześćset mil. Wiadomość została odebrana w momencie ataku serca. Szybka reakcja syna bez wątpienia uratowała ojcu życie.

Tego rodzaju parapsychiczne zdolności są udziałem każdego z nas. Możemy dzięki nim przekraczać naturalne skądinąd przeszkody wynikające z życia w czasie i przestrzeni.

## Telepatyczny kontakt z prelegentem

• Gdy w niedzielne poranki wygłaszam prelekcje na konkretne tematy, zdarza się, że słuchają mnie osoby, które szukają bardzo konkretnej odpowiedzi na nurtujące je pytania czy problemy. Bywa więc i tak, że w jakiś sposób rozpoznaję te myśli – ponieważ przechowują je w swoich umysłach – i odchodzę od głównego tematu rozważań, żeby udzielić im odpowiedzi. Zawsze jednak wracam do głównego tematu. Najczęściej te osoby po takim wykładzie wypowiadają się mniej więcej tak: „Miałem nadzieję, że odpowie pan na pytania, które zajmowały mój umysł i rzeczywiście tak się stało". Cóż takiego się dzieje? Otóż oni po prostu wysyłają do mnie te myśli, a ja na nie odpowiadam. I to właśnie jest telepatia.

## „Opuszczam ten świat"

• Ostatnio zatelefonowała do mnie dziewięćdziesięciodwuletnia staruszka i poprosiła, żebym ją odwiedził w domu spokojnej starości. Zaraz jak tylko przybyłem, oświadczyła mi, że właśnie odchodzi w inny wymiar istnienia i że stanie się to w ciągu tygodnia. Podała mi dokładną datę i rzeczywiście wszystko stało się dokładnie tak, jak to przepowiedziała. Poznała intuicyjnie moment swojego odejścia i powiedziała, że odwiedzili ją najbliżsi z innego wymiaru zapewniając, że na nią czekają. Ten inny wymiar istnienia przenika całą naszą rzeczywistość i nasi bliscy dalej żyją, a od nas oddzieleni są jedynie różnicą częstotliwości. Kobieta ta – zgodnie z jej słowami – była otoczona przez swoich najbliższych, którzy towarzyszyli jej w przejściu do domu Ojca. Odchodząc powiedziała do mnie: „Cieszę się, że odchodzę. Tam w górze czekają na mnie trzej moi chłopcy".

## Głos pomógł jej odnaleźć testament

• W ubiegłym roku odwiedziła mnie pewna wdowa mówiąc, iż jej mąż krótko przed śmiercią poinformował ją, że zmienił testament, przekazując jej cały majątek. Jego prawnik nic o tym nie wiedział, znał jedynie jego testament sprzed dziesięciu lat. Zasugerowałem jej, żeby proklamowała: „Nieskończona Inteligencja wie, gdzie znajduje się ten testament i objawi mi to". Przeszukała cały dom – bez rezultatu. Jakieś trzy lub cztery dni po tym, jak zaczęła się modlić, usłyszała w kuchni, gdzie prasowała, bardzo wyraźne słowa męża: „Otwórz *Księgę Izajasza* na czterdziestym piątym rozdziale". Natychmiast to uczyniła i w ten sposób znalazła testament, sporządzony zgodnie z prawem i podpisany przez dwóch świadków.

Kobieta ta intuicyjnie czuła, że jej mąż nadal żyje i bardzo jest zatroskany o jej dobro. Podświadomość odpowiedziała na jej modlitwę, ona zaś posłuchała głosu męża. W innym wymiarze komunikacja dokonuje się wyłącznie poprzez wymianę myśli, lecz podświadomość tej kobiety spowodowała, że myśl czy też pragnienie jej męża zostało wyrażone za pośrednictwem głosu. Kobieta ta doświadczyła radości z wysłuchanej modlitwy i nie ma znaczenia, czy to podświadomość przemówiła głosem jej męża, czy też jego myśl dała się usłyszeć w jej podświadomości, ponieważ jest tylko jeden powszechny umysł, właściwy wszystkim ludziom, w którym jesteśmy zanurzeni.

## Powszechne doświadczenie kontaktu ze zmarłymi

• Odwiedziłem ostatnio w szpitalu pewnego mężczyznę, który był bliski śmierci. Lekarze dawali mu najwyżej kilka godzin życia. Modliliśmy się razem, po czym on powiedział: „Są tu Jimmy, Mary i Jean". I rozmawiał z nimi. To trójka spośród jego dzieci, którzy umarli wcześniej od niego. Potem powiedział do mnie: „Jest także Thaddeus. Nie wiedziałem, że on umarł".

Obecna przy tym jego żona powiedziała, że majaczy. Tymczasem on nie majaczył: był całkiem przytomny i prowadził ze mną rozmowę. Po tygodniu żona otrzymała z Australii wiadomość o śmierci ich syna Thaddeusa. Ten mężczyzna widział po prostu wszystkich członków swej rodziny, którzy przeszli już do innego wymiaru istnienia. Jego bliscy, wolni od czasoprzestrzennych ograniczeń, zebrali się wokół niego, aby go uspokoić w tym ważnym momencie.

Gdy wzniesiemy się ponad przesądy i uwolnimy od skutków teologicznego prania mózgu, któremu podlegaliśmy przez tysiąclecia, zobaczymy i usłyszymy naszych najbliższych, którzy są wokół nas. Można to porównać do fal radiowych i telewizyjnych, które przenoszą dźwięki i obrazy, a my włączamy odbiorniki, żeby się przekonać, czy dźwięki symfonii i słowa wypowiadane przez ludzi rzeczywiście przenikają ściany naszych mieszkań.

## „Zostaniesz ocalony"

• Kilka miesięcy temu, gdy w klubie rozmawialiśmy podczas obiadu, pewien oficer, który ledwo co wrócił z Wietnamu, usiadł blisko mnie. Powiedział wtedy, że tak on, jak i jego brat zostali ranni podczas patrolu, lecz brat zmarł w wyniku tych obrażeń, zanim nadeszła pomoc. Wydarzyła się wtedy bardzo dziwna rzecz. Otóż zmarły ukazał mu się mówiąc: „Lekarze są blisko. Powiem im, gdzie jesteś i zostaniesz ocalony". Za jakieś pół godziny przybyli dwaj lekarze, udzielając rannemu żołnierzowi koniecznej pomocy. Powiedzieli wtedy: „Jakiś oficer przybył nie wiadomo skąd i wskazał nam kierunek". Opisali mu szczegółowo wygląd tego oficera – rysopis dokładnie odpowiadał jego bratu. Po kilku godzinach śmigłowiec odtransportował go do wojskowego szpitala, gdzie szybko wyzdrowiał.

Jeśli się nad tym spokojnie zastanowić, nie ma w tym wydarzeniu nic dziwnego. Jesteś zarówno mentalną, jak i duchową istotą. Gdy opuszczasz swoje ciało, natychmiast przyjmujesz inne, bardziej subtelne: możesz wtedy widzieć i być widzianym, rozumieć i być rozumianym, masz także doskonałą pamięć. Innymi słowy twoja osobowość nigdy nie umiera. Ten tajemniczy oficer miał intensywne pragnienie ocalenia życia swemu bratu. Jego podświadomość znała położenie lekarzy, więc natychmiast im się ukazał, wskazując kierunek.

Dowiedziono już, że możesz myśleć, czuć, widzieć, słyszeć i podróżować niezależnie od swojego fizycznego ciała. Znaczy to, że wszystkie właściwości twoich zmysłów mogą się wyrazić w umyśle bez odniesienia do ciała. Nieskończona Inteligencja nie popełnia błędów, możesz więc używać tych zdolności, wykraczając poza swoje fizyczne ciało i środowisko. Ciało subtelne, nazywane czasem ciałem z czwartego wymiaru, może się zgodnie z naszą wolą ukazywać lub być niewidzialne, przenikać przez zamknięte drzwi, przekazywać wiadomości, poruszać rzeczami. Pamiętaj – twoje ciało sięga w nieskończoność. Ciała w tym wymiarze są bardziej rozrzedzone i wibrują z większą częstotliwością.

Wynika z tego, że nigdy nie powstałeś i trudno też mówić o twoim końcu. Nie zniszczy cię woda, wiatr i ogień, ani jakikolwiek inny żywioł.

Twoje duchowe Ja nie jest niczym uwarunkowane. Bez trudu przechodzisz z jednego wymiaru do drugiego, ponieważ chwała, którą jesteś, nie ma końca.

## ZAPAMIĘTAJ

1. Każdy posiada parapsychiczne moce i zdolności, które przekraczają zakres wiedzy, jaką można zgromadzić dzięki pięciu zmysłom. Zdarza się, że dzwoni telefon, a ty już wiesz, kto się zaraz do ciebie odezwie. Tę właściwość nazywamy telepatią. Odbierasz po prostu myśl tej osoby, która do ciebie zatelefonowała.
2. Rozwijając swoje parapsychiczne zdolności musisz uważać, żeby używać ich jedynie po to, by nieść innym błogosławieństwo, zdrowie oraz inspirację. Nie możesz nigdy używać swojej parapsychicznej wiedzy czy mocy po to, by przeforsować swoją wolę lub wykorzystać innych ludzi. Jeżeli zdradzasz te zasady, czynisz to na własne ryzyko.
3. Gdy dostrzegasz negatywny wzór myślowy u bliskiej ci osoby, przyjaciela czy klienta, możesz odwrócić ten proces poprzez uświadomienie sobie Boskiej Obecności w umyśle i sercu tej osoby. Stanie się to dzięki realizacji obecności Boskiej miłości, harmonii i Boskiego prawa tam, gdzie jest ta osoba. Pamiętaj, że Boską mocą jesteś w stanie zmienić negatywne wzorce w podświadomości innych osób.
4. Gdy słuchasz wykładu na temat mentalnych i duchowych prawd, a pragniesz uzyskać specyficzną informację na temat swoich problemów, wyślij swoją myśl do prelegenta, a przekonasz się, że uzyskasz odpowiedź.
5. Wiele osób dokładnie zna czas swojego odejścia. Są oni po prostu – by tak to określić – w dobrych układach z podświadomością, która wszystko wie i wszystko widzi.

6. Możesz słyszeć głosy bliskich, którzy odeszli do innego wymiaru. Ich pragnienie przekazania ci pewnych informacji, na przykład gdzie znajduje się testament, sprawia, że ich myśli czy pragnienia przyjmują postać słów. Podążaj za ich wskazaniem, a otrzymasz upragnioną odpowiedź. Oto niezwykłe możliwości podświadomości.
7. Wiele osób w obliczu nadchodzącej śmierci prowadzi rozmowy z bliskimi, którzy wcześniej przeszli do innego wymiaru istnienia. Osoba bliska śmierci egzystuje w obu wymiarach jednocześnie, więc widzi i słyszy swoich bliskich, którzy są przy niej i dodają jej otuchy. Przychodzą oni po to, by jej błogosławić i pomóc w przejściu na następny plan, który przenika całą naszą rzeczywistość.
8. Nasi bliscy mają możliwość – jeśli takie jest ich gorące pragnienie – ukazywać się nam i pomagać. Są w stanie przekazać nam konkretną wiadomość.

ROZDZIAŁ 3.

# Pozazmysłowa percepcja w codziennym życiu

Zapewne wielokrotnie zetknąłeś się już z takim terminem, jak *zjawiska paranormalne*. Obecnie częściej mówi się o *pozazmysłowym postrzeganiu czy pozazmysłowej percepcji*. Pamiętam, jak od wczesnego dzieciństwa słuchałem swoich krewnych, przyjaciół, znajomych, a potem słuchaczy moich wykładów mówiących mi o przeczuciach co do różnych zdarzeń, które miały nastąpić. Dziesiątki osób opowiadały mi swoje senne wizje, które później szczegółowo realizowały się w obiektywnym doświadczeniu. Inni zaś przekonywali mnie o ukazywaniu się ich bliskich, którzy w momencie śmierci przychodzili, aby się pożegnać i przekazać ważną wiadomość. Jeszcze inni słyszeli wewnętrzny głos, który przestrzegał ich przed odbyciem konkretnej podróży albo poślubieniem tej czy innej osoby.

Wielu spośród studentów, którzy do mnie przychodzą, żeby poradzić się w związku ze swoimi emocjonalnymi czy naukowymi problemami, mówi mi o niezliczonej liczbie takich sytuacji, jak na przykład odczytywanie we śnie pytań egzaminacyjnych. Owi studenci budzili się zazwyczaj w wyniku tych wrażeń, a następnie sięgali po podręcznik, żeby nauczyć się na te pytania odpowiadać. Wszystkie te doświadczenia oparte są na postrzeganiu pozazmysłowym, które – zgodnie z nazwą – wykracza poza wiedzę zdobywaną za pośrednictwem pięciu zmysłów.

## Ukazała mi się w chwili śmierci

• Gdy kilka lat temu rozmawiałem telefonicznie z jednym z moich starych przyjaciół, w drzwiach pokoju ukazała się moja siostra. Bardzo się zdziwiłem. Natychmiast ją zapytałem: „Dlaczego nie wspomniałaś, że masz zamiar mnie odwiedzić?". W tym czasie moja siostra uczyła w klasztornej szkole w Suffolk w Anglii i wiodła życie zakonnicy przez ponad sześćdziesiąt lat. Zakomunikowała mi, że zmarła kilka minut wcześniej i przyszła się ze mną pożegnać. Usiadła na krześle. Wyglądała bardzo realistycznie – miała ciało i ubrana była w habit z różańcem. Rozmawialiśmy przez jakieś pięć minut. W pewnym momencie jakby rozpuściła się w powietrzu i zupełnie znikła.

Potem się dowiedziałem, uwzględniając różnicę czasową, że odeszła z tego świata w swoim klasztorze w Anglii w tym samym momencie. Umówiliśmy się kiedyś, że jeżeli jedno z nas umrze wcześniej, ukaże się drugiemu, informując o tym fakcie.

To nie była jedynie jakaś myśl mojej siostry, lecz raczej jej pełna osobowość, skoro prowadziła ze mną ożywioną rozmowę, odpowiadając na pytania i opisując swą psychiczną kondycję tuż przed śmiercią, włącznie z diagnozą medyczną. Jej pragnienie spotkania ze mną spowodowało, że podświadomość skupiła całą jej osobowość w nowym subtelnym ciele, które było w stanie pokonywać ograniczenia czasu i przestrzeni, przechodzić poprzez zamknięte drzwi, wprawiać w ruch ciężkie przedmioty i prowadzić ze mną bardzo sensowną rozmowę. Moja siostra miała bardzo realne, materialne i widzialne ciało, które jednak wibrowało z większą częstotliwością, dzięki czemu mogło się pojawiać lub znikać zgodnie z jej wolą.

## Pozazmysłowa podróż

• Piszę ten rozdział w pierwszym dniu Nowego Roku. Wczoraj zaprosiłem około trzydzieści osób, moich przyjaciół, aby uczcili ze mną początek Nowego Roku, uczestnicząc w afirmatywnej modlitwie, przechodzącej w przedłużone milczenie. Jedna z młodszych kobiet powiedziała do mnie po zakończeniu medytacji: „Doktorze Murphy, przez cały czas, gdy Pan się modlił głośno, widziałam za Pańskimi plecami mężczyznę. Nie było go tu, gdy przyszłam. Kto to jest? Bo teraz go nie widzę!".

Opisała go bardzo szczegółowo, a ja jej wyjaśniłem, że to mój stary przyjaciel z Ekwadoru, który bywał na tego rodzaju noworocznych spotkaniach w przeszłości, ale przez ostatnie pięć lat przebywał w Hiszpanii. Powiedziałem jej, iż poinformował mnie listownie, że będzie z nami w wigilię Nowego Roku i przyłączy się do naszej modlitwy. Uczynił to w taki sposób, że nie tylko on mógł nas widzieć, ale także my jego. To wcale nie jest takie niezwykłe. Uwzględnił po prostu różnicę czasową i gdy my tutaj wchodziliśmy w milczenie, on medytując w Madrycie polecił swojej świadomości, żeby dokonała projekcji jego obecności w moim domu, gdzie wziął udział w naszej modlitewnej praktyce.

Przed chwilą rozmawiałem z nim telefonicznie. Zapytał: „Czy widziałeś mnie, jak stałem wczoraj za tobą?". „Nie – odpowiedziałem – bo przez cały czas miałem zamknięte oczy, gdy się modliliśmy i medytowaliśmy". Ale dodałem, że bardzo wyraźnie widziała go jedna z obecnych kobiet i opisała go w szczegółach. Jej opis zgadzał się w pełni z tym, co on sam powiedział o sobie. Przedstawił mi potem sposób, w jaki się modliliśmy i ile osób było tam obecnych. Przyznał również, że znał zaledwie dziesięć spośród obecnych tam osób (wymienił ich imiona), i powiedział, że pozostali byli mu obcy. To prawda, ponieważ tylko tych dziesięcioro, których wymienił, uczestniczyło w naszych noworocznych spotkaniach, gdy przebywał w Los Angeles.

Ten przyjaciel eksperymentuje z pozacielesnymi doświadczeniami. Zapewnił mnie przy okazji tej rozmowy, że w swych pozacielesnych doświadczeniach coraz mocniej doświadcza dotykowych, słuchowych i wizualnych bodźców. Człowiek jest istotą mentalno-duchową i dzięki temu może być wszechobecny. Gdy myślisz na przykład o swojej matce, to nawet gdy jest ona w Hongkongu, ty jesteś tam razem z nią.

## Pozazmysłowy przekaz pomocny w rozwiązaniu prawnego problemu

• Jeden z moich przyjaciół, prawnik, próbował rozwiązać pewną sprawę w sądzie przez ponad pięć lat. Opisał mi swoje trudności z ludźmi, których poznał jako nieprzejednanych, krnąbrnych i nieugiętych przeciwników. Cała sprawa utknęła ostatecznie w martwym punkcie.

Zaproponowałem mu, żeby każdego wieczoru, tuż przed nocnym spoczynkiem, wyobrażał sobie, jak stoję przed nim i gratuluję mu z powodu szczęśliwego zakończenia tego procesu, on zaś ma słuchać uważnie, jak mówię do niego: „Moje gratulacje. Zobacz, jakich cudów Bóg dokonał!". Od tego dnia co wieczór zamykał swoje oczy, kładł głowę na poduszce i przez około pięć minut skupiał na mnie swoją uwagę i wsłuchiwał się, jak wypowiadam słowa gratulacji. Scena ta w jego umyśle była bardzo żywa – oglądał ją swymi wewnętrznymi oczami, wizualizując, jak wciąż od nowa powtarzam te słowa.

Pod koniec tygodnia przeciwna strona przystała na proponowane jej warunki. Tymczasem jedna z najbardziej przeciwnych pojednaniu osób przeszła do innego wymiaru istnienia. Mój przyjaciel dzięki kreatywnemu myśleniu i wizualizacji napełnił swoją podświadomość ideą Boskiego rozwiązania, ona zaś doprowadziła do urzeczywistnienia tego rozwiązania na jej własny sposób.

Pamiętaj, podświadomość ma sposoby, których nie znasz. Byłem obecny przy moim przyjacielu duchowo i mentalnie, a on użył mojego głosu do wpisania tego przekonania w swoją podświadomość. Umysł jest poza uwarunkowaniami czasowo-przestrzennymi, dlatego gdy mentalnie jesteś obecny w jakimkolwiek miejscu, przebywasz tam rzeczywiście. Jako mentalno-duchowa istota używasz swojego obecnego trójwymiarowego ciała jako pojazdu, masz jednak także inne, subtelne, czterowymiarowe ciało, które może przemierzać świat, lekceważąc przeszkody stawiane mu przez czas i przestrzeń.

## POZAZMYSŁOWA KOMUNIKACJA ŁĄCZY ZAKOCHANYCH

• Przed wykładem, który miałem wygłosić w Wilshire Ebell Theatre w Los Angeles, jak to zwykłem robić w każdy niedzielny poranek, podeszła do mnie pewna studentka, wyznając z płaczem, że poważnie pokłóciła się ze swoim chłopakiem, który teraz jest w Wietnamie. Zapewniała, że chciałaby się z nim pojednać i powiedzieć mu, jak niedobra była dla niego, a przede wszystkim, że chciałaby go usłyszeć.

Wyjaśniłem jej, że nigdy nie może wywierać presji na drugą osobę czy też w jakikolwiek sposób próbować kwestionować jej życiowe wzorce. Jeżeli zaś chodzi o jej chłopaka, to powinna najpierw przebaczyć samej sobie, a następnie modlić się w ten sposób: „Tom obecny jest w myślach Boga, który wszystko wie. Boska miłość wypełnia jego umysł i serce. Powierzam go Bogu, życząc mu wszelkich błogosławieństw życia. Między nami jest pokój, harmonia, Boska miłość i zrozumienie. Niech Bóg będzie z nim".

Uświadomiłem jej, że gdy pomodli się w ten sposób, błogosławi owemu młodemu mężczyźnie i że od tego momentu cokolwiek mu się w życiu zdarzy, będzie dla niego dobre. W rezultacie jej modlitwy staną się sobie bliscy albo odnajdą jeszcze większe szczęście, rozstając się. Zrozumiała, że nie ma prawa mentalnie wymuszać na swym narzeczonym, żeby zapragnął wyjść jej naprzeciw, lecz że powinna przedłożyć tę sprawę obecnej w niej Wyższej Inteligencji, która wszystko wie i wszystko widzi, i że to jest najlepszy sposób na mierzenie się z wszystkimi tego typu problemami.

Po kilku dniach modlitwy Tom zadzwonił do niej z Sajgonu, nie wspominając nic o ich kłótni. Zapewnił ją natomiast, że kilka dni wcześniej ukazała się mu w jego namiocie. Uśmiechnęła się mówiąc: „Tom, kocham cię" i znikła.

Wszystko to można wyjaśnić w bardzo prosty sposób: duch jest wszechobecny, ponadczasowy i nieograniczony przestrzenią. Poprzez swoją modlitwę dziewczyna sprawiła, że Boska miłość i harmonia zostały wskrzeszone w umyśle Toma. Modląc się za niego, była z nim mentalnie i duchowo obecna, zaś on – bez wątpienia wrażliwy, a przez to otwarty – widział ją, ponieważ jej ciało funkcjonowało na wyższym poziomie materialnej rzeczywistości.

## Pozazmysłowa ochrona przed voodoo

• Otrzymałem list od pewnego kelnera z Honolulu, którego spotkałem podczas ostatniej wycieczki. Napisał mi, że ktoś próbuje mu zaszkodzić za pomocą czarnej magii i że wszystko w jego życiu układa się coraz gorzej. Wymienił nazwisko człowieka, co do którego był przekonany, że ucieka się do praktyk voodoo, aby mu zaszkodzić.

Przedstawiłem mu dość długie wyjaśnienie, podkreślając i akcentując, że wszystkie wody w oceanie nie są w stanie zatopić okrętu, jeżeli nie dostaną się do jego środka. Podobnie i negatywne myśli innych ludzi nie są w stanie wniknąć w umysł człowieka, jeśli on sam nie otworzy przed nimi drzwi i nie wprowadzi ich do środka, oraz że Bóg i człowiek to jedno.

To jest niepodważalna, odwieczna prawda. Bóg jest wszystkim, co jest. Jest absolutną prawdą, obfitością, miłością, nieskończonym życiem, absolutną harmonią i nieskończoną radością. Powiedziałem mu, że jeśli jego myśli są myślami Boga, wtedy jest w nim również obecna Boska moc. Jego myśl jest wtedy kreatywna i gdy myśli o Boskiej miłości, pokoju, harmonii i radości, automatycznie zyskuje odporność na wszelkie toksyczne wyziewy masowego umysłu. Tak więc gdy ktoś myśli i rozważa na temat odwiecznych prawd, Bóg myśli w nim, a to, co myśli Bóg, zawsze wydaje owoc w postaci doskonałej harmonii.

Najważniejsze jest jednak to, że ów kelner zastosował się do starożytnej duchowej zasady: „Wycisz się dwa lub trzy razy w ciągu dnia i wyobraź sobie, że jesteś otoczony świętym kręgiem światła. W miarę jak będziesz to robił, po kilku dniach naprawdę zauważysz złoty krąg uzdrawiającego światła wokół ciebie. To jest emanacja Boskiej Obecności w tobie, czyniąca cię zdolnym do przeciwstawienia się wszelkim krzywdzącym działaniom. Jesteś teraz niezniszczalny i całkowicie odgrodzony od napawających lękiem myśli czy negatywnych sugestii pochodzących od innych ludzi. Niech takie pozytywne myślenie stanie się twoim nawykiem i kiedy pomyślisz o człowieku praktykującym voodoo, po prostu afirmuj: „Boża miłość wypełnia moją duszę. Pozostawiam tego człowieka w spokoju i nie interesuję się jego działaniami".

Dalszy ciąg był bardzo interesujący. Ów kelner modlił się we wskazany sposób i pod koniec tygodnia szkodzący mu człowiek umarł na ulicy w wyniku ataku serca. Wyjaśnienie tego epizodu znów jest bardzo proste: negatywne myśli i przekleństwa rzucane na niego przez adepta voodoo nie miały w nim punktu zaczepienia, ponieważ ich nie przyjmował, lecz wprost przeciwnie – promieniował życzliwością. To zaś sprawiło, że negatywna energia emitowana przez złego człowieka powróciła do niego jak bumerang, uderzając z jeszcze większą mocą. Można więc powiedzieć, że człowiek ten zadał śmierć samemu sobie.

Pamiętaj o tym, że w twoim wszechświecie jesteś jedynym myślicielem, a ponieważ twoje myśli mają stwórczy charakter, to, co myślisz o innych, spotyka ciebie samego. Kiedy posyłasz innym negatywne emocje, a oni chronią się przed nimi, podążając za myślami miłymi Bogu, emocje te wracają do ciebie podwójną mocą. Zjawisko to określa się efektem bumerangu. Co więcej, myśleć czy życzyć zła innej osobie znaczy zabijać miłość, harmonię, pokój, piękno i radość w sobie samym. Niszczycielskie myśli zgromadzone w twojej podświadomości prowadzą do autodestrukcji, która może wywołać fatalną chorobę albo być narzędziem samounicestwienia, ponieważ każdy morderca w rzeczywistości morduje samego siebie.

Mężczyźni, kobiety i dzieci żyjący na tym świecie sprawdzają po prostu stan czy jakość naszej świadomości, ich działania odzwierciedlają nasze wewnętrzne nastawienie, przekonania i wierzenia. Nie spotyka cię nic innego, jak tylko to, w co wierzysz.

## ZAPAMIĘTAJ

1. *Zjawiska paranormalne* to termin, który został dziś zastąpiony *pozazmysłowym postrzeganiem*. Zapewne wielokrotnie słysząc dzwonek telefonu, miałeś przekonanie, że telefonuje do ciebie konkretna osoba. Możliwe, że miałeś przeczucie, proroczy sen czy intuicję, która została potwierdzona poprzez obiektywne wydarzenie. Wszystko to są tak zwane *zjawiska paranormalne*, które są ponad naszymi zwyczajnymi możliwościami poznawczymi.
2. Osoba, która przeszła do innego wymiaru istnienia, ma możliwość ukazania się swoim bliskim, jeżeli tego bardzo pragnie. Tę formę pojawienia się uznajemy zazwyczaj za zjawę.
3. Osoba, która szczerze pragnie spotkać swego przyjaciela, będącego o tysiące mil od niej, może odbyć do niego podróż, jeśli z głębokim przekonaniem tuż przed snem zasugeruje swojej podświadomości: „Pragnę odwiedzić Johna Jonesa. Moja podświadomość doprowadzi do tego spotkania w sposób przewidziany przez Boga". Kiedy szczerze podejmiesz taką decyzję, twoja podświadomość przeniesie twoją osobowość w odpowiedniej formie na miejsce, w którym pragniesz się znaleźć.
4. Umysł wolny jest od kategorii czasowo-przestrzennych. W konsekwencji tego możesz wyobrazić sobie, jak bliska ci osoba stoi

przed tobą i przekazuje ci wiadomość, którą pragniesz usłyszeć. Słuchaj tego z zaangażowaniem, gdyż to, co subiektywnie odczuwasz i w co wierzysz, urzeczywistni się w twoim życiu.

5. Nigdy nie próbuj mentalnie zmuszać innej osoby do tego, by robiła to, co chcesz. Jeśli się z kimś pokłóciłeś i pragniesz, aby on do ciebie zadzwonił, bo chcesz z nim porozmawiać, zrozum, że Bóg poprowadzi tę osobę i że między wami jest harmonia, miłość, pokój i zrozumienie. Wszystko, co stanie się w wyniku tej modlitwy, może być tylko dobre.
6. Możesz chronić się przed skutkami negatywnych ataków ze strony innych osób poprzez zrozumienie i afirmację, że: „Bóg i człowiek to jedno i jeżeli Bóg ze mną, któż przeciwko mnie". Gdy twoje myśli są konstruktywne i harmonijne, Bóg jest z tobą. Wypełnia cię wtedy Boska moc. Możesz okryć się Boskim pancerzem i odgrodzić w ten sposób od wszelkiego zła. Afirmuj odważnie: „Nieustannie chroni mnie święty krąg Boskiej, odwiecznej miłości". Zajmij swój umysł tymi wielkimi prawdami, a twoje życie pełne będzie blasku.

ROZDZIAŁ 4.

# Jak uwolnić swą wewnętrzną moc

W okolicach świąt Bożego Narodzenia otrzymałem wspaniały list od pewnej kobiety z północnej Kalifornii, która wyznała mi, że trzy miesiące wcześniej jej syn zniknął bez śladu. Rzecz jasna poinformowała o tym policję. Jej syn był jednym z tysięcy nastolatków, którzy uciekali nie wiadomo dokąd i trudno było przewidzieć, jak to wszystko się skończy.

W rezultacie opisała mi taką oto technikę, do której się w tych trudnych dla niej chwilach uciekała: „Wchodziłam do pokoju mojego syna, siadałam cicho na około dziesięć minut i mówiłam do siebie: 'Nieskończona Inteligencja doskonale wie, gdzie znajduje się mój syn. Ta Najwyższa Inteligencja mieszkająca we mnie zna powody jego odejścia i ujawni mi odpowiedź. Ona mnie prowadzi i wskazuje, co mam czynić'. W pewnym momencie przyszło mi do głowy, żeby odwiedzić jego dziewczynę, a ona poinformowała mnie, że się pokłócili, w wyniku czego zwróciła mu zaręczynowy pierścionek. Potem przypomniała sobie, że mój syn często mówił o ewentualnej podróży do kuzyna w Kanadzie. Natychmiast tam zadzwoniłam, a mój syn... podniósł słuchawkę. Po krótkiej rozmowie chłopak był gotów wrócić do domu. W każdym z nas działa Inteligencja, trzeba się tylko do niej odwołać".

Kobieta ta zrozumiała, jaka siła drzemie w jej podświadomości, i zdała sobie sprawę, że gdy jej umysł uspokoi się i zrelaksuje, mądrość podświadomości przebije się do świadomości, przedstawiając odpowiedź na jej życiowy problem. Jest bowiem odpowiedź na każde pytanie i rozwiązanie każdego problemu. Nie możesz zapominać o tym, że zna ją twoja podświadomość. Pytaj ją, a poznasz prawdę.

## Świadek i odtwórca dramatu w pozazmysłowym wymiarze

• Jedna z moich przyjaciółek, lekarka z zawodu, brała udział w konferencji specjalistów chorób kręgosłupa w Kanadzie, mieszkając w tym czasie w bardzo pięknym pokoju hotelowym. Zmęczona długim lotem zasnęła prawie natychmiast. O drugiej w nocy obudziła się z przerażającym uczuciem, że w jej pokoju jest obecny jakiś mężczyzna, choć dobrze wiedziała, że zamknęła drzwi na klucz. Mężczyzna ten stanął przed nią z rewolwerem w dłoni. Następnie strzelił sobie w głowę i upadł martwy na podłogę.

Znajoma mimo szoku, jaki przeżyła, zdołała o tym powiadomić osobę z obsługi hotelu, której z przerażeniem (ale też w szczegółach) opowiedziała o tym, co się stało. Pracownik hotelowy wyjaśnił jej, że ten właśnie człowiek przed tygodniem popełnił tu samobójstwo, po czym natychmiast zaoferował jej inny pokój.

Kobieta zapytała mnie, jak ma to rozumieć. Wyjaśniłem jej, że sędzia Troward, autor wielu książek na temat działania umysłu, który przez wiele lat był sędzią w Indiach (w stanie Pendżab), opowiadał kiedyś o podobnym incydencie z udziałem jego żony. Gdy podczas pobytu w Indiach zamieszkała w nowym domu, obudził ją strzał. Zobaczyła wtedy mężczyznę, który upadł w jej pobliżu. Również bardzo wyraźnie słyszała jego głos. Jej mąż, sędzia Troward, wyjaśnił to w ten sposób: samobójstwo to pozostawiło po sobie pewnego rodzaju wrażenie, swego rodzaju fotograficzny wzór w zbiorowym umyśle, który jest bez przerwy wokół nas obecny, zaś wrażliwa osoba może dzięki temu konkretne zdarzenie widzieć i odtworzyć. Siły drzemiące w umyśle pani Troward zostały pobudzone przez wibracje przenikające pokój, w którym to się wydarzyło.

Wyjaśniłem mojej przyjaciółce, że był to myślokształt – podtrzymywany w istnieniu przez emocje konkretnych ludzi – związany z tą częścią pokoju, w której dokonała się tragedia, i że stopniowo zjawisko to będzie zanikać aż do całkowitego rozproszenia. Od tego zdarzenia lekarka ta prosi mądrość swej podświadomości, żeby prowadziła ją do takich miejsc, które są pełne harmonii, pokoju i dobra, a jej podświadomość spełnia to pragnienie. Emocjonalna atmosfera wokół tego szokującego zdarzenia, które miało miejsce w hotelu, została całkowicie zneutralizowana, zaś wyjaśnienie owego dramatu przyniosło uzdrowienie.

## Przebłyski intuicyjnego poznania

• Pewien bankier wyznał mi ostatnio, że wszystkie jego ważne decyzje i postanowienia odnośnie banku, jak również wszystkich pracowników oparte są na swego rodzaju błyskach intuicyjnego poznania, które przenikają z jego głębszego (podświadomego) do świadomego umysłu. Jest to owoc nieustannej modlitwy, co w tym przypadku oznacza, że całe jego myślenie oparte jest na fundamentach odwiecznych prawd, które są niezmienne. Trwa on w radosnym oczekiwaniu tego, co najlepsze, a jego myślenie jest konstruktywne, zaś nastawienie pełne miłości do wszystkiego, co istnieje.

„Nieustanna modlitwa" jest swego rodzaju stanem umysłu, głębokim przekonaniem, że Bóg zawsze go prowadzi, i ta wiara sprawia, że podświadomość udziela mu intuicyjnych błysków, o których wspominał. Trzyma on swój umysł z dala od czegokolwiek, co ma negatywny wydźwięk, z dala od lęków i różnych dysonansów. Gdy więc skupi się na jakimś problemie albo trudnej decyzji, mądrość głębszego umysłu udziela mu odpowiedzi przekraczającej możliwości poznawcze jego zmysłów i intelektu. Ta mądrość nigdy się nie myli.

## Jesteś wspanialszy, niż ci się wydaje

• W głębiach twej podświadomości (przypomnij sobie moją *Potęgę podświadomości*) nieskończona mądrość, nieskończona moc i nieskończony zapas tego wszystkiego, czego ci do życia potrzeba, czeka tylko na to, żeby się rozwinąć i wyrazić. Zacznij rozpoznawać te możliwości swojej podświadomości, a one przybiorą odpowiednią formę. Nieskończona Inteligencja ukryta w twej podświadomości odkryje przed tobą wszystko, co powinieneś wiedzieć w każdym momencie czasu i punkcie przestrzeni, pod warunkiem że jesteś otwarty na te skarby wiedzy. Możesz przyjmować i odbierać nowe myśli umożliwiające ci dokonywanie nowych przedsięwzięć, tworzenie nowych wynalazków, odkryć, pisanie książek lub realizowanie siebie w jeszcze inny sposób. Nieskończona Inteligencja twojej podświadomości, która ma moc uzdrowić twoje ciało, doskonale pamięta wszystko, czego doświadczyłeś, i może przekazać ci szerokie spektrum potrzebnej wiedzy.

Poprzez intuicyjne moce twojej podświadomości możesz przyciągnąć do siebie idealnego partnera życiowego czy też odpowiedniego wspólnika w biznesie. Mądrość twojej podświadomości może znaleźć właściwego nabywcę dla twej ziemi, domu czy czegokolwiek, co zdecydowałeś się sprzedać. Mądrość ta może ci podsunąć idee warte fortunę, gwarantując ci finansową wolność, żebyś mógł być, czynić czy też podróżować na miarę swoich pragnień. W swej podświadomości znajdziesz odpowiedź na twoje najbardziej kłopotliwe problemy i poznasz przyczynę każdego wydarzenia. Naszą podświadomość wypełnia Nieskończona Uzdrowicielska Obecność, która może uzdrowić udręczony umysł i skołatane serce. Są w nas obecne kopalnie złota i groty pełne skarbów. Podświadomość może wyzwolić nas z lęku i z wszelkiego rodzaju materialnego i fizycznego niedostatku.

## Odkryła w sobie Uzdrowicielską Obecność

• Jeden z wielu listów, jakie otrzymałem w okresie świątecznym, przyszedł ze Szwajcarii, a dokładniej z Zurychu. Napisała go pewna młoda kobieta, która przeczytała moją *Potęgę podświadomości*. W liście tym wyznała, że lekarz dawał jej nie więcej niż cztery miesiące życia, dodała jednak, że z Boską pomocą przezwyciężyła raka. Lekarz zalecił jej, żeby rozważała biblijne relacje na temat cudów oraz żeby stosowała się do wskazówek zawartych w *Potędze podświadomości*.

Kobieta opisywała, jak trzy razy dziennie przez około piętnaście minut afirmowała z głębokim przekonaniem i zaangażowaniem, wierząc, że Nieskończona Inteligencja jej podświadomości, która stworzyła wszystkie jej narządy i całe ciało, może i chce ją uzdrowić, w związku z czym z ufnością regularnie wyobrażała sobie, jak chirurg mówi do niej: „Zdarzył się cud! Wszystkie testy, jakie przeszłaś, wyraźnie na to wskazują". Po sześciu miesiącach od jego negatywnej diagnozy, gdy przyszła do kontroli, usłyszała dokładnie to, co sobie wyobrażała. Po następnych sześciu miesiącach usłyszała to samo zapewnienie. Minęły dwa lata, a ona deklaruje, że jest całkowicie wyleczona i wraca do pracy. Jej lekarz nie był zdziwiony tzw. cudownym uzdrowieniem, ponieważ zdaje sobie sprawę, że każde uzdrowienie pochodzi z Wysoka.

Jej list przedstawiłem oczywiście w skrócie, jednak jego istota pokazuje, że życie każdej osoby, pełnej głębokiej, niewzruszonej wiary w Nieskończoną Uzdrowicielską Obecność przynosi takie właśnie owoce.

## Odczuwanie głosu intuicji

• Gdy twoja motywacja jest właściwa, oparta na miłości i życzliwości do wszystkich ludzi i kiedy twój umysł jest wolny od samopotępiania i niezdrowego samokrytycyzmu i obce ci jest pragnienie wykorzystania kogokolwiek dla własnego widzimisię, będziesz w stanie coraz lepiej rozpoznawać to intuicyjne przeczucie, które daje ci właściwą odpowiedź na każde pytanie. Odpowiedź ta może ci się ujawnić na wiele sposobów, najczęściej jednak jest tak, że wewnętrzne przeczucie podpowiada ci, czy iść naprzód, czy powrócić. Twoja świadomość, twój dedukcyjny umysł może spróbować postępować w ten sposób, lecz gdy rozważysz wszystkie „za" i „przeciw", a potem oddasz całą sprawę swej podświadomości, pełnej wiedzy i inteligencji, musisz być przygotowany na intuicyjny błysk, który często pojawia się w twej podświadomości spontanicznie. Pamiętaj, impulsy, nalegania i monity podświadomości zawsze skierowane są na twoje dobro, ponieważ twój głębszy umysł dąży do tego, aby cię uzdrawiać, chronić i zabezpieczać twoje finansowe powodzenie bez zbędnych wydatków energii. Instynkt samozachowawczy jest najbardziej pierwotnym prawem życia i jednocześnie prawem twej podświadomości.

## Uratował go wewnętrzny głos

• Ostatnio pewien mężczyzna mieszkający na przedmieściach Los Angeles powiedział mi, że jego pracodawca zaproponował mu lot swoim samolotem na polowanie w północnej części Kalifornii. Już prawie zgodził się na to, gdy wewnętrzny głos jasno mu oznajmił: „Powiedz *nie*". I tak postąpił. Wkrótce okazało się, że samolot rozbił się we mgle, a dwie osoby będące na jego pokładzie zginęły na miejscu.

Mężczyzna ten stale afirmuje: „Bóg prowadzi mnie po wszystkich mych drogach". Postępując w ten sposób, niewątpliwie przekazał tę ideę wewnętrznego przewodnictwa swej podświadomości, która zareagowała zgodnie z tym przesłaniem. Nakaz usłyszany przez niego był tak mocny i precyzyjny, że mógł później wyznać: „Nie byłem w stanie z nim walczyć".

## Możesz rozwijać swoją intuicję

• Wdychasz i wydychasz powietrze bez najmniejszego wysiłku. I tak też powinieneś uczyć się pozwalać swojej inteligencji obecnej w podświadomości przepływać przez swój intelekt – bez najmniejszego napięcia. Twoja podświadomość ma kontakt z rzeczywistością poprzez intuicję. Obca jest jej dedukcja, ponieważ cała jest wszech-mądrością i nieskończoną inteligencją. Jeżeli zakomunikujesz swej podświadomości, określanej czasem subiektywnym umysłem: „Obudź mnie o szóstej", bądź pewien, że obudzisz się dokładnie o tej godzinie. To nigdy nie zawodzi. Musimy uświadomić sobie, że wewnątrz nas obecne jest nieskończone źródło mocy. Wielu dobrych ludzi podtrzymuje błędne pojęcia na temat daru intuicji. Wielu wierzy, że jest to pozazmysłowe zdarzenie, którego doświadczają jedynie bardzo uduchowione jednostki. To nieprawda. Każdy biznesmen czy gospodyni domowa może otrzymać odpowiedź poprzez zwrócenie się do Nieskończonej Inteligencji swej podświadomości i uzyskać przewodnictwo odnośnie jakiegokolwiek problemu.

## Jak pozyskiwać nowe pomysły na życie

• Jeżeli jesteś biznesmenem lub prezesem jakiejś organizacji i potrzebujesz nowego pomysłu dla jej rozwoju, zastosuj następującą technikę: zamknij oczy, wycisz się i myśl o nieskończonej mocy i mądrości wewnątrz siebie. Wytworzy to w tobie zmysł pokoju, siły czy też mocy i zaufania. Następnie przemów w ten prosty sposób do kreatywnej inteligencji w tobie, która zna odpowiedź: „Kreatywna Inteligencja wewnątrz mnie wie wszystko i przedstawi mi nową ideę konieczną dla realizacji tego programu". Wyobrażaj sobie, że kreatywna idea wydostaje się z podprogowych głębi i przepływa przez twoją świadomość. Nie możesz tego udawać – po prostu w to uwierz. Zaakceptuj ten fakt i „wykonaj". To jest cała tajemnica tego procesu.

Po tym momencie wyciszenia wejdź w swoje sprawy, w swój biznes, rób coś, zajmij się swoimi rutynowymi obowiązkami, a przede wszystkim nie siedź z założonymi rękami, oczekując na odpowiedź. Ona przyjdzie wtedy, gdy nic nie będziesz myślał; w takim momencie, w którym nie będziesz się jej spodziewał. Wewnętrzny głos intuicji działa jak flesz: jest spontaniczny i przychodzi niezapowiedziany.

Intuicja, którą można rozumieć jako *myśl pochodzącą z wnętrza*, zna odpowiedź na twoje pytanie. Musisz sobie uświadomić, że kreatywna czy nieskończona inteligencja, która stworzyła kosmos i wszystkie rzeczy, jakie są w nim obecne, nie ma żadnego problemu. Gdyby bowiem go miała, kto by go rozwiązał? Dlatego gdy szukasz odpowiedzi, miej świadomość, że najwyższa inteligencja przenikająca twe subiektywne głębie, zna ją bardzo dobrze. Czasem zdumiewa nas nagłość, szybkość, z jaką przychodzi rozwiązanie. Możesz wznieść się ponad swój dedukcyjny umysł jedynie poprzez poddanie go wyższemu przewodnictwu. Po wysłuchaniu głosu intuicji użyj swojego umysłu tylko po to, żeby poznaną prawdę wprowadzić w życie.

## MOŻESZ NIE SŁYSZEĆ GŁOSU INTUICJI

• Czynnikami, które przeszkadzają ci w usłyszeniu głosu intuicji, są *napięcie* oraz *błąd w odbiorze*. Jeśli pozostajesz w jakimkolwiek negatywnym nastroju, negatywnym stanie świadomości, intuicyjna mądrość nie pojawi się. Bo te negatywne myśli i emocje po prostu ją stłumią. Jeśli natomiast jesteś w pozytywnym nastroju, jeśli jesteś szczęśliwy, z łatwością rozpoznasz przebłyski intuicji, które właśnie wtedy pojawiają się w twoim umyśle. Co więcej, będziesz miał przeświadczenie o konieczności podążania za nimi. Dlatego koniecznym jest, abyś był rozluźniony i spokojny, gdy szukasz przewodnictwa, ponieważ nic nie osiągniesz, gdy będziesz napięty czy zestresowany.

Któż z nas nie pamięta takiej chwili, kiedy to nie mógł sobie przypomnieć czyjegoś nazwiska albo jakiejś innej wiadomości, a potem, gdy już porzucił wysiłek przypominania, imię to czy informacja docierała do niego w jakiś tajemniczy sposób?

## ROZWIJANIE INTUICJI MA ZASADNICZE ZNACZENIE

• Rozwijanie intuicji dla wielu mężczyzn i kobiet ma istotne znaczenie, bowiem intuicja natychmiast daje ci to, co dzięki intelektowi możesz osiągnąć po wielu tygodniach czy miesiącach wysiłków i to nie bez błędnych wniosków. Gdy możliwości naszego intelektu zawodzą, intuicja śpiewa w milczeniu swą pieśń triumfu.

Świadomy umysł rozumuje, analizuje i docieka, intuicja natomiast działa spontanicznie. Jest ona niczym morska latarnia dla świadomego umysłu. Wiele razy przestrzega przed podejmowaniem podróży czy zamierzonych działań. Musimy się uczyć słuchać tego głosu mądrości. Nie zawsze przemawia on do nas wtedy, gdy sobie tego życzymy, zawsze natomiast wtedy, gdy jest to rzeczywiście potrzebne.

Jeśli naprawdę uwierzysz, a nie będziesz tylko udawał, że wierzysz, Nieskończona Inteligencja poprowadzi cię na wszystkich twych drogach – we wszystkich twych myślach, słowach i uczynkach. Artyści, poeci, pisarze i wynalazcy to ludzie, którzy słuchają głosu intuicji. Dzięki temu są w stanie wzbogacać innych pięknem i chwałą pochodzącą z niewyczerpanych pokładów ich wewnętrznego świata.

## Wewnętrzne słyszenie

• Słowo *intuicja* oznacza także *wewnętrzne słyszenie*. Najstarsza definicja *objawienia* mówi, że jest ono *tym, co zostało usłyszane*. Słyszenie nie jest jedynym sposobem rozwijania intuicji. Intuicja czasem pojawia się jako myśl, ale najczęściej mówi się o „słyszeniu głosu". Wielokrotnie jest to głos, który można porównać do głosu płynącego z odbiornika radiowego. Naukowiec posługuje się swą zdyscyplinowaną wyobraźnią i w milczeniu ogląda to, co dzięki niej udało mu się osiągnąć. Jego intuicja działa w obrębie dziedziny wiedzy, która stała się pasją jego życia.

Intuicja przekracza rozum. Zatrudnij rozum do wprowadzania w życie przesłania intuicji. Gdy odbierasz intuicyjne przesłanie, bardzo często przekonujesz się, że stoi ono w opozycji do tego, co mógłby ci zaproponować dedukcyjny umysł. Zacznij posługiwać się swą intuicją i niech twoje życie będzie pełne cudów.

## ZAPAMIĘTAJ

1. Jeśli poszukujesz zaginionej osoby, zatrzymaj się i uspokój swój umysł, a następnie poproś nieskończoną inteligencję ukrytą w twej podświadomości, aby ujawniła miejsce jej pobytu. Odpowiedź przyjdzie do ciebie w postaci, której się nie spodziewasz. Bądź gotów pójść za głosem, który poprowadzi twój świadomy, dedukujący umysł.
2. Ktoś, kto popełnił samobójstwo w domu czy hotelowym pokoju, zazwyczaj pozostawia głębokie, psychiczne wrażenie w atmosferze tego szczególnego miejsca, w związku z czym zdarza się, że wrażliwa czy otwarta na intuicyjny przekaz osoba uczestniczy mentalnie – w wyobraźni – w tym bolesnym dramacie. Konkretna jednostka odeszła już do innego wymiaru istnienia, pozostawiła jednak po sobie myślowy zapis swojego czynu w konkretnym miejscu. Ta psychiczna (i w pewnym sensie „fotograficzna") impresja rozpadnie się za kilka tygodni czy miesięcy, w zależności od natężenia emocji, które za nią stoją.
3. „Nieustanna modlitwa" to stan ducha, który charakteryzuje się niezmiennym spojrzeniem na całą rzeczywistość z punktu widzenia odwiecznych zasad i prawd życia. Żyj w radosnym oczekiwaniu tego, co najlepsze, wiedząc, że twoim życiem rządzi Boskie prawo, które wskaże ci właściwą drogę. W porę odnotujesz przebłyski intuicji, które wskażą ci właściwą odpowiedź na twoje pytanie.
4. Twoja podświadomość jest magazynem pamięci, siedliskiem emocji oraz intuicyjnych zdolności. Trwa ona w jedności z nieskończoną inteligencją i bezkresną mądrością. Nieskończona Uzdrowicielska Obecność, która jest ukryta w twojej podświadomości, wie, w jaki sposób cię uzdrowić i przywrócić w twoim życiu harmonię i pokój. W odpowiednim momencie wskaże ci właściwą ideę oraz wyzwoli cię z wszelkiego rodzaju graniczeń.
5. Nieskończona Uzdrowicielska Obecność twej podświadomości utworzyła twoje ciało i wie też, w jaki sposób je uzdrowić. Zaufaj

jej i wzywaj tyle razy, ile trzeba, a otrzymasz odpowiedź. Nie pozoruj wiary, lecz wierz szczerze w sercu, że kreatywna inteligencja, która stworzyła wszystkie organy twojego ciała, może je uzdrowić. Będzie ci dane na miarę twojej wiary.

6. Gdy twoja motywacja jest poprawna i gdy nie zamierzasz wykorzystać żadnej osoby dla swych egoistycznych celów oraz gdy prosisz o Boskie przewodnictwo w życiu, stajesz się otwarty na intuicyjne przebłyski pochodzące z głębin twojego podświadomego umysłu.
7. Gdy wypracujesz sobie nawyk systematycznej praktyki afirmatywnej modlitwy z głęboką wiarą, że „Bóg (Nieskończona Inteligencja) prowadzi mnie na wszystkich mych drogach", będziesz często słyszał wewnętrzny głos mówiący ci bardzo dokładnie, co powinieneś zrobić.
8. Jeśli szukasz jakiejś ożywczej idei dla swej firmy lub organizacji, ucisz swój umysł i afirmuj: „Kreatywna inteligencja wie wszystko i wskaże mi nową ideę". Następnie oderwij się od tego myślenia, a we właściwej chwili odpowiednia idea pojawi się w twym umyśle.
9. Lęk i napięcie to dwie zapory, które blokują przepływ odpowiedzi z twojej podświadomości. Uspokój swój umysł i kontempluj cudowną moc obecną w tobie. Gdy twój umysł jest wyciszony i otwarty, odpowiedź wypływa na wierzch z głębin twej podświadomości.
10. Intuicja natychmiast oferuje to, do czego intelekt, czyli dedukcyjny umysł dochodzi po wielu tygodniach, a nawet miesiącach starań (a i tak proces ten nie jest wolny od błędów).
11. Czasami intuicyjna odpowiedź przychodzi do nas jako myśl, jednak najczęściej „słyszymy głos", który możesz odbierać tak wyraźnie jak głos płynący z radia. Zacznij rozwijać swoją intuicję i niech twoje życie będzie pełne cudów.

ROZDZIAŁ 5.

# Poza zmysłami i fizycznym ciałem

Kilka miesięcy temu miałem serię odczytów na temat postrzegania pozazmysłowego w Wilshire Ebell Theatre w Los Angeles. Otrzymałem później dużo listów od słuchaczy, którzy doświadczyli tego, co nazywali „dziwnymi" doświadczeniami i dlatego o nich nie mówili. Obawiali się bowiem, że w najlepszym wypadku zostaną okrzyknięci „dziwakami" czy „ekscentrykami", a może nawet ktoś dojdzie do wniosku, że coś u nich „nie tak" z głową. W tym rozdziale postaram się dotknąć istoty tego rodzaju doświadczeń.

## DOŚWIADCZENIE OPUSZCZENIA FIZYCZNEGO CIAŁA

• Pewna kobieta opowiedziała mi, że podczas Wigilii Bożego Narodzenia w 1968 roku odczuła intensywne pragnienie bycia z matką w Nowym Jorku. Zapadając w sen skupiła wszystkie swoje myśli na domu rodzinnym w Nowym Jorku i natychmiast znalazła się przed nim, próbując otworzyć frontowe drzwi. Udało się jej wejść tylnymi drzwiami. Następnie udała się schodami do pokoju matki, gdzie zastała ją leżącą w łóżku i czytającą gazetę. Matka bardzo się zdziwiła i od razu zapytała: „Dlaczego nie powiedziałaś mi, że zamierzasz mnie odwiedzić? Słyszałam, jak wchodzisz po schodach, i wiedziałam, że to ty". Kobieta ta pocałowała matkę mówiąc: „Wesołych świąt, mamo, muszę już uciekać" i znów znalazła się w swoim ciele w Los Angeles. Była w stanie dokładnie opisać wszystko, co znajdowało się w pokoju matki, i bardzo wyraźnie słyszała kolędy emitowane przez radio.

To nie jest jakieś niezwykłe doświadczenie. Kobieta ta tuż przed snem skupiła wszystkie swoje myśli na osobie matki, gdyż głęboko pragnęła być z nią w czasie Wigilii Bożego Narodzenia. Pragnienie to sprawiło, że jej podświadomość, mając do spełnienia konkretną misję, zaprojektowała jej osobowość w nowym ciele trzy tysiące mil dalej. Matka zaś doświadczyła dotyku ust i rąk córki i bardzo wyraźnie słyszała jej głos. Wspomniana kobieta weszła do domu matki tylnymi drzwiami, mimo że były one zamknięte, i usiadła na fotelu obok jej łóżka. Zdawała sobie sprawę z tego, że jest poza swym ciałem, i była też świadoma, że znalazła się w ciele bardziej subtelnym, które jest w stanie przechodzić przez zamknięte drzwi lub też inne materialne obiekty.

## Pozazmysłowa podróż do Sydney

• Jeden z moich australijskich przyjaciół opowiedział mi o swym interesującym doświadczeniu, jakie stało się jego udziałem w przeddzień Nowego Roku. Tuż przed snem myślał o swym chorym ojcu i zaczął modlić się za niego, uświadamiając sobie, że Nieskończona Uzdrowicielska Obecność ożywia i napełnia energią całe jego jestestwo. Zaczął więc wyobrażać sobie, jak ojciec mówi do niego: „Synu, nigdy dotąd nie czułem się lepiej. Doznałem cudownego uzdrowienia". Wsłuchiwał się w te słowa – w wyobraźni – każdego dnia, gdy zasypiał, po czym nagle znalazł się obok swojego ojca. Ten zaś bardzo zdziwił się jego obecnością, pytając: „Dlaczego nie powiadomiłeś mnie, że przyjeżdżasz? Co za niespodzianka?!".

Znajomy wyznał mi, że był całkowicie świadom wszystkiego, co się dzieje, i bardzo wyraźnie widział wszystkie rzeczy w domu ojca, zdając sobie jednocześnie sprawę, że jego drugie ciało odpoczywa teraz w fotelu w Los Angeles. Ukazał się ojcu jako kompletnie ubrany i choć znajdował się poza swoim rzeczywistym ciałem, to jednak w pełni posługiwał się wszystkimi swoimi zmysłowymi władzami. Miał świadomość, że teraz znajduje się w subtelnym ciele, zdolnym przechodzić przez zamknięte drzwi i przekraczać ograniczenia czasu i przestrzeni. Wszystko to działo się w ciągu kilku minut, a późniejszy list, jaki dostał od ojca, potwierdził każdy detal jego wizyty.

Niektórzy ludzie takie zjawisko nazywają „duchem", „zjawą", jakimś „pozacielesnym bytem" czy czymś w tym rodzaju, lecz w rzeczywistości mężczyzna ten projektował swoje nowe ciało tysiące mil od swojego domu i był w stanie poprzez fizyczny dotyk komunikować się z ojcem. Człowiek jest materialnym, mentalnym i duchowym jestestwem, więc zawsze będzie miał ciało. Istniałeś już miliony lat temu na wyższym poziomie świadomości, a ponieważ życie jest w nieustannym rozwoju, więc i ty wciąż jesteś w podróży naprzód, wzwyż, do Boga.

## Matka ukazuje się córce

• Rozmawiając z wieloma osobami na temat różnych aspektów życia, często słyszę o pozazmysłowych i fascynujących epizodach z ich udziałem. Ludzie ci jednak boją się o tym opowiedzieć swoim najbliższym czy kolegom z obawy, że zostaną uznani za ekscentryków, dziwaków czy też niezrównoważonych umysłowo.

Jedna z kobiet, mieszkanka Beverly Hills, była bardzo zaniepokojona o chorą córkę mieszkającą w Nowym Jorku. Opowiedziała mi, jak pewnej nocy skupiła na niej całą swą uwagę, modląc się o harmonię, zdrowie i pokój umysłu. Uświadomiła sobie, że Boska Obecność przenika jej córkę jako harmonia, piękno, miłość i pokój. W taki oto sposób można przedstawić jej projekcję ciała z czwartego wymiaru:

Znalazła się w szpitalnej izolatce, gdzie jej córka leżała przebudzona w łóżku. Córka zawołała: „O, mamo! Tak się cieszę, że przyszłaś!". Obydwie kobiety uścisnęły się i ucałowały. Matka skierowała do córki kilka uspokajających słów, co bardzo jej pomogło. Uśmiechnęła się także serdecznie do pielęgniarki. Potem postanowiła powrócić do swojego ciała w Beverly Hills, które spoczywało w łóżku – bowiem ciała subtelnego nic nie ogranicza – i ponownie w nie weszła.

Tego rodzaju doświadczenia przydarzają się wielu osobom, które są zatroskane o dobro swych najbliższych. Zdarza się to zwłaszcza w chwili zasypiania, kiedy to pragnienie bycia z kimś najbliższym, którym nasączona jest podświadomość konkretnej osoby, zabiera ją w pozazmysłową podróż do upragnionych miejsc. Osoby te są w pełni świadome swoich fizycznych ciał w momencie, w którym je opuszczają, jak również w momencie powrotu.

## Pozazmysłowa podróż detektywa

• Podczas międzynarodowej konferencji na temat Nowej Myśli w lipcu 1969 roku spotkałem jednego z moich starych przyjaciół, który przez wiele lat był detektywem w Nowym Jorku. Wygłosiłem wtedy wykład na temat pozazmysłowego postrzegania. W pewnym momencie przyjaciel zaczął swoją opowieść: „Mam ci coś do powiedzenia. Na pewno cię to zainteresuje". Otóż został on oddelegowany do rozwiązania sprawy wielkiego rozboju i po trzech miesiącach usilnych starań nie znalazł nawet najmniejszego śladu. Którejś nocy leżąc w łóżku czytał *Potęgę podświadomości*, myśląc jednocześnie o rozwiązaniu swojego zadania. W pewnym momencie znalazł się w północnej części stanu Nowy Jork, w okolicy, której w ogóle nie znał. Wszedł przez okno do jakiegoś domu i zauważył tam trzech rozmawiających mężczyzn i oglądających leżącą na stole biżuterię, zegarki, kamery i futra. Zauważył też gazety i zdołał przeczytać ich nagłówki. Stwierdził wtedy: „Oni mnie nie widzą". Wyjrzał przez okno i zdołał odczytać nazwę ulicy, jak również nazwę teatru, który znajdował się naprzeciw budynku, w którym się znajdował.

Nagle zrozumiał, że to są właśnie ci mężczyźni, których szuka. Mieszkanie, w którym się znajdował, składało się z trzech pokoi, on zaś zdawał sobie sprawę, że działa w tym momencie w subtelnym ciele, które było zdolne do przemieszczania się w dowolnym kierunku. Miał świadomość, jakie gazety czytali ci ludzie, i wiedział już, w jakim mieście przebywają. Zadeklarował wtedy: „Chcę teraz wrócić do Nowego Jorku" i natychmiast znalazł się w swoim fizycznym ciele.

Kiedy się obudził, zawiadomił swoich zwierzchników, a oni poinformowali o tym policję we wskazanym mieście. Policja znalazła wszystkie skradzione rzeczy i aresztowała mężczyzn, którzy bardzo się zdziwili na widok sześciu w pełni uzbrojonych policjantów w swoim mieszkaniu o trzeciej nad ranem. Detektyw ten przyznał mi, iż w swoim biurze założył się, że gdyby poinformował przełożonych o swojej pozazmysłowej podróży, to wysłaliby go na leczenie, a już na pewno na obserwację.

Jeśli mam wyjaśnić przypadek tego detektywa, to powiem, że w moim przekonaniu emocjonalne zaangażowanie i energia włożona w poszukiwanie rozwiązania uaktywniła tuż przed snem mądrość jego podświadomości, która z kolei przeniosła jego osobowość w subtelnym ciele w odpowiednie miejsce. W ciele tym mógł podróżować, widzieć, słyszeć i rozumieć wszystko, co się wokół niego działo, a do tego nie być widzianym przez złodziei. Wszystko to i jeszcze więcej mogą sprawić ukryte w naszej podświadomości moce.

## Przekonała się, że jej syn żyje

• W czasie pisania tej książki otrzymałem bardzo interesujący list od pewnej kobiety z Arizony, w którym napisała mi, że jej syn został uznany za zaginionego w Wietnamie. Była bardzo zrozpaczona, ciągle myśląc o tym, czy on umarł, czy żyje. Powiedziała, że była bardzo napięta, zmartwiona i rozdarta pomiędzy nadzieją, lękiem i rosnącą desperacją. Pewnego dnia zaczęła czytać *Potęgę podświadomości* i tuż przed snem zwróciła się do swego głębszego umysłu: „Powiedz mi, czy mój syn umarł, czy żyje!". Zaraz gdy zasnęła, miała wizję syna, który znajdował się w bardzo widocznym miejscu. Widziała nagie stopy, długą brodę i otaczające go więzienne ściany oraz polowe łóżko, na którym spał. Przyjrzała się dokładnie szczegółom z jego otoczenia i intuicyjnie wyczuła, że chłopak żyje i ma się dobrze.

Błyskawiczna informacja, którą otrzymała, dała do zrozumienia, że jej syn został wzięty do więzienia, a potem otrzymała od niego ukradkiem przemycony list. Podświadomość w odpowiedni sposób odpowiedziała na jej prośbę.

## Pozazmysłowa percepcja i zaginiony topaz

• Moja przyjaciółka, lekarka z zawodu, zapytała mnie, czy mógłbym jej pomóc poprzez modlitwę odnaleźć zagubiony pierścień. Była to drogocenna pamiątka, przechowywana w jej rodzinie od pokoleń, miała więc ogromną, nie tylko materialną wartość. Często kładąc się spać, koncentruję się na prośbach przekazanych mi w ciągu dnia. Żeby tak robić, muszę mieć jasną impresję tej osoby i natury jej problemu. Wtedy afirmuję mniej więcej tak: „Nieskończona Inteligencja wie, gdzie znajduje się ten topaz, i ujawni odpowiedź zarówno mnie, jak i mojej przyjaciółce zgodnie z Boskim zamysłem. Akceptuję tę wiedzę". Potem zapadam w głęboki sen, mając świadomość, że znam już odpowiedź.

Jeśli chodzi o ten konkretny przypadek, to gdy spałem, w moim umyśle rozbłysła scena – coś jakby poruszający się na ekranie obraz – w której zauważyłem kobietę obcego pochodzenia noszącą ten pierścień i pytającą inną, starszą kobietę, prawdopodobnie jej matkę, o jego wartość. Odnotowałem dobrze wygląd jej skóry i włosów, które były bardzo szare i opadały na ramiona. Kobiecie tej brakowało również kilku zębów z przodu, a na twarzy miała charakterystyczny pieprzyk.

O poranku zadzwoniłem do mojej przyjaciółki i opowiedziałem o swoim doświadczeniu. Ona na to: „Doskonale opisałeś moją pokojówkę. Pracowała u mnie przez dwadzieścia lat. Ona nie mogła tego zrobić". Zasugerowałem jej, żeby zwróciła się z tym do jej matki. Tak też uczyniła. Pokojówka wybuchła płaczem i zapewniała, że wzięła ten pierścień, aby pokazać go matce, i nie miała najmniejszego zamiaru zatrzymywać go. Trudno jednak w to uwierzyć, skoro moja przyjaciółka szukała pierścienia przez dwa miesiące, a wspomniana pokojówka jej w tym pomagała, nosząc w swym sercu przekonanie, że po prostu go ukradła.

## Dr Phineas Parkhurst Quimby i jego eksperymenty związane z jasnowidzeniem i pozazmysłowymi podróżami (maj 1862)

*Pozwolę sobie przedstawić eksperyment, który przeprowadziłem wraz moim pomocnikiem Lucjuszem w zakresie badań nad mesmeryzmem[2]. Każdą z obecnych w pokoju osób poprosiłem o podanie imion swoich znajomych. Imiona te mieli oni zapisać na papierowych karteczkach. Prosiłem wtedy Lucjusza, aby najpierw powiedział, czy wskazana osoba*

[2] Termin *mesmeryzm* jest w tym kontekście używany zamiennie z pojęciem *hipnozy* (przyp. tłum.).

*jeszcze żyje, czy nie, a następnie by ją w szczegółach opisał. Pewnego razu jak zwykle wręczono mi kartkę, a ja przekazałem ją chłopcu. On zaś oznajmił, że chodzi tu o żonatego mężczyznę z trojgiem dzieci, który dwa dni temu opuścił miasto, a ponieważ z zawodu był stolarzem, zabrał ze stodoły skrzynkę z narzędziami i udał się prosto do Bostonu. Poleciłem Lucjuszowi, żeby udał się za tym człowiekiem, co natychmiast uczynił. Znalazł go w Ohio w sklepie bednarskim, gdzie ten mężczyzna właśnie umarł.*

*Poprosiłem chłopaka, żeby „sprowadził" mężczyznę do sali i opisał zebranym. Lucjusz się zdziwił: „Nie widzisz go? On tutaj stoi!". Przypomniałem Lucjuszowi, że jest w mesmerycznym transie (on nawet nie wiedział, co to znaczy, lecz zgodził się z tym ze względu na mnie), gdyż nie zdawał sobie z tego sprawy – w hipnotycznym transie był bowiem tak samo sobą jak w zwyczajnym stanie świadomości. Spontanicznie wyrażał lęk i radość w związku z tym, co widział, gdyż wszystko było dla niego w pełni realne. Poprosiłem go o opis. Zaczął więc od ogólnej charakterystyki. Zasugerowałem mu więc, żeby skoncentrował się na jakichś szczególnych cechach owego mężczyzny. „W porządku" – odpowiedział. – „Myślę, że nikt z tu obecnych nie wie, że ten człowiek ma zajęczą wargę". Zapytałem osobę, która podała mi imię tego mężczyzny, czy opis ten jest adekwatny. Usłyszałem zapewnienie, że w każdym szczególe. To był pierwszorzędny przykład spirytualizmu. Mój służący mógł odczytywać zapieczętowane listy, mógł udawać się do odległych miejsc, aby tam zadać komuś pytanie i otrzymać odpowiedź, zaś pytana osoba nie była nawet świadoma, że udziela mu odpowiedzi.*

Powyższy opis pochodzi z pism dra Phineasa Pankhursta Quimby'ego z maja 1862 roku. Dr Quimby wiedział, że pośród zebranych zawsze był ktoś, kto znał osobę, o którą pytano, i że Lucjusz, pozostając w stanie hipnozy, miał możliwość – dzięki jasnowidzeniu – odczytywania treści z podświadomości osoby, która znała zaginionego mężczyznę i w swym głębszym umyśle przechowywała jego obraz. Quimby wiedział, że może w szczegółach odtworzyć ten zapis, łącznie z zajęczą wargą. Co więcej, zawód i rodzina tego mężczyzny oraz miejsce jego zamieszkania było znane przynajmniej jednej z zebranych osób i Lucjusz w stanie transu po prostu odczytywał te podświadome zapisy. Quimby użył terminu „spirytualizm", żeby to opisać. Obecnie zjawisko to nazywamy jasnowidzeniem. Jedną z cech podświadomości jest łatwe pozyskiwanie informacji poprzez jasnowidzenie.

## Dr Phineas Parkhurst Quimby i jasnowidząca podróż

*Było to w Eastport. Pewną kobietę – która chciała się udać do New Hampshire, żeby spotkać się ze swoimi przyjaciółmi – wprowadziłem w mesmeryczny sen* (stan hipnozy – przyp. tłum.). *Towarzyszyłem jej w tej podróży. Była w bardzo radosnym nastroju: śmiała się i kłaniała. Gdy zapytałem, komu się tak kłania, odpowiedziała, że naszemu listonoszowi. Potem oznajmiła, że musimy już iść do domu, i dodała, że ludzie na nas patrzą. Zapytałem ją, czy jej ojciec jest w domu i czy mogłaby mu mnie przedstawić, a ona to uczyniła. Poprosiłem, aby zapytała ojca, czy nie wydarzyło się coś ważnego od dnia, w którym opuściła dom. Wtedy ona nagle zbladła i wydawało się, że jest poruszona. Gdy zapytałem, w czym problem, powiedziała, że jej wujek zachorował i pewnego dnia umarł. Wspomniała także o swojej ciotce, która, opiekując się nim, również zachorowała, ale udało się jej wyzdrowieć, oraz że jej brat zabrał ją do domu. Wydarzenia te zostały potwierdzone listownie po kilku dniach. Uczynił to jej wujek, dr Richardson, którego list przechowuję w swoich zbiorach.*

*Mogłem przeprowadzić wiele tego rodzaju eksperymentów. Kiedy siadam obok chorych, oni opowiadają mi o swoich uczuciach, choć wiedzą, że spotkanie to nie odbywa się na naturalnym planie. Ja również nie odczuwam ich obecności za pośrednictwem swoich pięciu zmysłów. Każdy człowiek jest istotą o podwójnej tożsamości – z jednej strony jest to tożsamość substancjalna, a z drugiej tożsamość cienia. Dla mnie człowiek, jakiego widzę, jest cieniem, jednak w jego własnym przekonaniu jest on substancją, zaś wszystko, czego nie rozumie, uważa za cień.*

*Ktoś, kto jest w mesmerycznym transie, udowadnia osobie w normalnym stanie świadomości, że są właśnie dwa poziomy świadomości i każdy z nich jest dla drugiego pewnego rodzaju misterium. Ktoś, kto znajduje się w stanie przebudzenia, nie rozumie, jak można być obojętnym dla tego stanu świadomości i wciąż zachowywać swoją własną tożsamość. Zatopiona w transie osoba nie jest w stanie zrozumieć, dlaczego ktoś, kto pozostaje w naturalnym stanie, nie wie tego, co wie ona. Tak więc każda z tych osób jest dla drugiej pewnego rodzaju misterium.*

Na bazie przytoczonych spostrzeżeń doktora Quimby'ego można wysnuć wniosek, że każdy z nas jest istotą o podwójnej tożsamości. Z jednej strony jesteśmy istotami duchowymi, zaś z drugiej – zależnymi od zmysłowej percepcji i w różny sposób uwarunkowanymi. Jednak poniżej tych wszystkich uwarunkowań, będących skutkiem społecznej indoktrynacji, można znaleźć Wszechmocnego Żywego Ducha – Boską Obecność. Dr Quimby przypomniał, że w hipnotycznym stanie ujawniają się nasze pozazmysłowe zdolności, które przekraczają intelekt, a więc także świadomy, dedukcyjny umysł. Wyjaśnił, w jaki sposób posłał młodą kobietę w jasnowidzącą podróż do jej rodzinnego domu, gdzie zobaczyła wszystko, co się tam działo, jak również śmierć wujka, która miała miejsce kilka dni wcześniej. Dr Quimby, który w pasywnym stanie umysłu miał jasnowidzące wizje, towarzyszył jej mentalnie i widział wszystko, co robiła. Quimby wiedział, że dla subiektywnego stanu umysłu nie istnieje czas i przestrzeń, dlatego ta młoda kobieta mogła się natychmiast znaleźć w swym rodzinnym domu w New Hampshire.

## ZAPAMIĘTAJ

1. Wielu osobom zdarza się to, co nazywają „dziwnymi", „pozacielesnymi" doświadczeniami. Boją się o tym wspominać z obawy przed wyśmianiem czy posądzeniem o jakieś umysłowe aberracje.
2. Kobieta, która jest mocno skoncentrowana na chorobie swej córki, choć mieszka od niej daleko, może w subtelnym ciele stanąć obok swego dziecka. Może z nią rozmawiać, może ją też pocałować i objąć, posługując się przy tym wszystkimi swoimi zmysłami.
3. Mężczyzna mieszkający w Los Angeles staje obok swego ojca w Sydney i ma świadomość wszystkiego, co się tam dzieje. Przechodzi przez zamknięte drzwi i ukazuje się ojcu, który jest zdziwiony tą niezapowiedzianą wizytą. Potem list od ojca w każdym detalu potwierdza tę astralną wizytę.
4. Często tuż przed snem, kiedy modlisz się za swoich najbliższych lub kogoś innego, zdarza się, że osoba ta widzi cię bardzo wyraźnie. Ty również możesz bardzo dokładnie widzieć swoich najbliższych i rozmawiać z nimi. Możesz w szczegółach opisać to wszystko, co się dzieje w szpitalnym pomieszczeniu, jednocześnie kłaniając się pielęgniarce, która myśli, że jesteś po prostu krewnym odwiedzającym pacjenta. Ukazujesz się kompletnie ubrany ze wszystkimi swoimi cechami, gdyż jesteś duchowym i mentalnym jestestwem, zdolnym do myślenia, widzenia, odczuwania, a także podróżowania niezależnie od twojego trójwymiarowego ciała.

5. Detektyw zadaje swojej podświadomości pytania związane ze sprawą, którą ma rozwikłać. Prosi o ujawnienie szczegółów dotyczących złodziei, którzy okradli kilka domów. Wreszcie znajduje się w ich kryjówce i mentalnie postanawia, że nie będzie dla nich widoczny. A jednocześnie odnotowuje wszystkie konieczne szczegóły, które pozwolą ich aresztować. Zauważa, że jest w stanie poruszać ciężkie obiekty i przenosić swoje subtelne ciało w dowolnym kierunku. Do niego należy inicjatywa. Innymi słowy jest on świadomym, rozumującym jestestwem, funkcjonującym całkowicie niezależnie od swego trójwymiarowego ciała.
6. Kobieta w głębokiej desperacji, nie wiedząc, czy jej syn, uznany z zaginionego, żyje czy umarł, decyduje się zadać swej podświadomości pytania na jego temat. W rezultacie widzi we śnie syna przebywającego w więzieniu w Wietnamie. Dostrzega też szczegóły jego więziennej celi i jest całkowicie pewna, że chłopak żyje i dobrze się czuje. Wkrótce prawda poznana w jasnowidzeniu zostaje obiektywnie potwierdzona.
7. Lekarka, która zgubiła bardzo cenny topaz, prosi mnie, abym poprzez modlitwę pomógł jej w jego odnalezieniu. We śnie widzę kobietę wyglądającą na cudzoziemkę, która nosi ten topaz i prosi swą matkę o ocenę jego wartości. Widzę dokładnie jej twarz i dostrzegam brak trzech przednich zębów. Kiedy opisuję tę kobietę mojej przyjaciółce, ona jest pewna, że chodzi o jej pokojówkę. To ona ukradła jej pierścień. Wszystko zostało potwierdzone.
8. Dr Phineas Parkhurst Quimby w 1862 roku przeprowadził eksperymenty związane z jasnowidzącą podróżą. W jednym wypadku zahipnotyzował kobietę, która otrzymała dar jasnowidzenia, i w tym stanie wysłał ją do jej rodzinnego domu. Gdy się tam znalazła, opisała wszystko w drobnych detalach. Kobieta ta przedstawiła Quimby'ego listonoszowi, ujawniła śmierć wujka, a także inne dyskretne szczegóły, co też zostało dokładnie potwierdzone. Quimby wyruszył z nią w jej mentalną podróż, ponieważ dana mu

została zdolność jasnowidzenia bez konieczności wchodzenia w stan hipnozy. W ten sposób demonstrował ponadnaturalne moce ludzkiego umysłu.

9. W innym wypadku dr Quimby zademonstrował, jak jego pomocnik Lucjusz, który w stanie transu stawał się jasnowidzem, mógł w szczegółach opisać życie konkretnego człowieka, a więc jego zawód, rodzinę, miejsce pobytu, a przede wszystkim to, czy żyje. Dr Quimby miał świadomość, że ktoś spośród zebranych znał człowieka, o którego chodziło, a Lucjusz w stanie hipnozy po prostu odtwarzał zawartość jego podświadomości. Oto cuda, którymi obdarza nas podświadomość.

ROZDZIAŁ 6.

# Pozazmysłowe postrzeganie w procesie uzdrawiania

Jedną z najbardziej interesujących i fascynujących zdolności ludzkiego umysłu jest przeczuwanie i wizualizowanie przyszłych wydarzeń. W trakcie rozmów z różnymi ludźmi wielokrotnie słyszałem o znacznych uzdrowieniach, a nawet uratowaniu życia dzięki pozazmysłowemu postrzeganiu.

## Modlitwa matki ratuje stopę syna

• Kilka tygodni temu rozmawiałem z pewną kobietą na temat jej rodzinnych problemów. Wspomniała mi wtedy o znaczącym epizodzie związanym z jej modlitewną praktyką. Zadzwonił do niej syn ze szpitala w Wietnamie, prosząc o modlitwę. Powiedział jej, że ma stopę zakażoną gangreną i lekarz nalega, aby ją amputować. Chłopak ten bronił się: „Moja matka modli się za ludzi i to ich uzdrawia". Wtedy lekarz zachęcił go mówiąc: „Więc na co czekasz? Zadzwoń do niej!".

Powiedziała mi, że po rozmowie z synem usiadła spokojnie, wymawiając jego imię i afirmując: „Bóg zna mojego syna. Mieszka w nim i uzdrawia go teraz, a ja składam Mu dzięki za to, co się dzieje". Powtarzała tę modlitwę w pasywnym, zrelaksowanym stanie umysłu i w jakąś godzinę później zasnęła. We śnie ujrzała syna mówiącego do niej: „Mamo, zachowałem swoją stopę. To cudowne!". Obudziła się rano z głębokim uczuciem pokoju. Następna wiadomość od syna utrwaliła jej wiarę w uzdrawiającą moc Boga.

Kobieta ta wiedziała, że dla umysłu nie istnieje czas ani przestrzeń i że jej głęboka świadomość Nieskończonej Uzdrowicielskiej Obecności zostanie wskrzeszona w umyśle jej syna tysiące mil niej. Oto jej ulubiony werset biblijny, do którego się często odwoływała: *Wszystko, o co w modlitwie prosicie, stanie się wam, tylko wierzcie, że otrzymacie* (Mk 11, 24).

## Sen zapobiegł tragedii

• Niektórzy ludzie boją się mówić o swoich pozazmysłowych doświadczeniach z obawy przed wyśmianiem. Pewna młoda kobieta opowiedziała mi, jak to kilka tygodni wcześniej zasnęła po lanczu i miała bardzo niepokojący sen. Śniło jej się, że szuka swojego męża, który jedzie samochodem do Las Vegas, przeżywa atak serca i traci tym samym kontrolę nad samochodem.

Nic więc dziwnego, że obudziła się z uczuciem niepokoju. Natychmiast otworzyła Biblię i odczytała na głos Psalm 91, który jest prośbą o ochronę. Zmieniła jego formę na czas teraźniejszy. Modliła się za swojego męża przez około pół godziny, rozpoczynając w ten sposób: „On przebywa w pieczy Najwyższego i w cieniu Wszechmocnego mieszka... Jego aniołowie strzegą mojego męża na wszystkich jego drogach" oraz: „Bóg uzdrawia go teraz", a także: „Boska miłość przepływa przez niego, czyniąc go scalonym, pełnym i doskonałym". Gdy się w ten sposób modliła, stopniowo ogarnęło ją poczucie głębokiego pokoju.

Potem się dowiedziała, że jej mąż miał atak serca i utracił przytomność. Przejeżdżający motocyklista zauważył stojący na środku drogi samochód z mężczyzną opartym o kierownicę. W zaciśniętej dłoni miał leki na serce, które powinien był zażyć, ale nie zdążył tego zrobić z powodu ataku. Cyklista włożył mu te leki do ust, a następnie odwiózł go do szpitala, gdzie chory bardzo szybko przyszedł do siebie. Motocyklista zauważył, iż to chyba cud, że samochód zatrzymał się na drodze, gdyż noga nie naciskała na hamulec, a kierowca był całkowicie nieprzytomny.

Modlitwa, w myśl której „Jego aniołowie strzegą mojego męża na wszystkich jego drogach", sprawiła, że ów motocyklista stał się dla tego człowieka niczym dobry Samarytanin przychodzący z pomocą. Modlitwa tej kobiety oraz jej głębokie przekonanie, że Nieskończona Uzdrowicielska Obecność przenika każdego z nas, oddziałała na podświadomość męża, będącego sto mil od niej, przynosząc pomoc i uzdrowienie dla jego niedomagającego serca. Kobieta ta dodała również, że badania, jakim poddano męża, potwierdziły lepszy stan zdrowia.

## Jasnosłyszenie uratowało pluton żołnierzy

• W ubiegłym roku podczas lotu do Nowego Jorku siedziałem obok oficera, który ledwo co wrócił z Wietnamu. Opowiedział mi wtedy o swoim doświadczeniu związanym z postrzeganiem pozazmysłowym oraz o głosie, który doszedł do niego „znikąd". Wraz ze swoimi kolegami dokonywał rozpoznania na pewnym obszarze dżungli. Gdy powoli posuwali się naprzód, usłyszał bardzo wyraźnie głos swojej siostry: „Stój! Stój! Stój! Przed tobą jest mina!". Natychmiast dał rozkaz do zatrzymania się. Zaraz też znaleźli minę ukrytą kilka metrów dalej. Gdyby posunęli się do przodu, to z całą pewnością zostaliby poranieni, a może nawet by zginęli.

Jego siostra była zakonnicą i uczyła w klasztorze w Irlandii. Zapewniała, że modliła się za niego regularnie każdego wieczoru i rano, a także w czasie codziennej mszy, zawsze proklamując: „Pan jest światłem i zbawieniem mojego brata".

Oficer ten zdawał sobie sprawę, że jego siostra znajduje się tysiące mil od niego, a jako że miał za sobą psychologiczne przygotowanie, wiedział, że głos ten pochodził z podświadomości, która go chroni i która bez wątpienia zareagowała na modlitwę siostry. Te nalegania, szepty, monity i intuicje podświadomości zawsze ratują twoje życie. Chronią cię one w każdym czasie, jako że instynkt samozachowawczy jest pierwszym prawem natury. Uważnie nasłuchuj tego wewnętrznego nalegania, tych podpowiedzi, tej cichej wewnętrznej wiedzy swej duszy.

W chwilach poważnego zagrożenia czy wielkiego niebezpieczeństwa często się przekonasz, jak twoja podświadomość projektuje głos bliskiej ci osoby. Ten wewnętrzny głos nigdy nie będzie głosem kogoś, kogo nie lubisz albo komu nie ufasz.

## Postrzeganie pozazmysłowe i uzdrowienie w Biblii

*Jezus przeto wybrał się z nimi. A gdy był już niedaleko domu, setnik wysłał do Niego przyjaciół z prośbą: „Panie, nie trudź się, bo nie jestem godzien, abyś wszedł pod dach mój. I dlatego ja sam nie uważałem się za godnego przyjść do Ciebie. Lecz powiedz słowo, a mój sługa będzie uzdrowiony"* (Łk 7, 6-7).

Oto definicja techniki leczenia, która nie wymaga fizycznej obecności. Słowa te mówią o tym, w jaki sposób powinieneś się modlić za innych czy też „posyłać swoje słowo", aby ich uzdrawiać. W biblijnym języku *słowo* oznacza twoją głęboką, niezachwianą wiarę i zaufanie w odpowiedź Nieskończonej Uzdrowicielskiej Obecności na twoją wiarę.

Oto, w jaki sposób posyłasz swoje słowo, aby uzdrowić czy pomóc innej osobie: po pierwsze – gdy chodzi o twoją wiedzę czy twoje przekonania na temat Boga, to muszą się one sprowadzać do tego, co można wyrazić w ten sposób: „Bóg jest bezmierną miłością, doskonałą harmonią i nieskończonym życiem; jest pełen mocy i chwały, jest Wszechmogącym Żywym Duchem we mnie". Uświadom sobie, że nie ma nic do zmiany oprócz twoich myśli. Nie rób nic na siłę. Pozostaw świat swojemu biegowi. Zrelaksuj się, wycisz i uświadom sobie, że jesteś kanałem transmitującym pełnię i harmonię z niewidzialnego do widzialnego wymiaru.

Kiedy modlisz się za kogoś, afirmuj spokojnie: „Bóg jest jedyną obecnością i mocą. Proklamuję, odczuwam i wiem, że podnosząca, uzdrawiająca moc Nieskończonej Uzdrowicielskiej Obecności przepływa przez Johna czy Marię, sprawiając, że staje się on czy ona pełną i scaloną osobą. Deklaruję i wiem, że harmonia, piękno i życie Boga manifestują się w tobie teraz jako moc, pokój, witalność, piękno i właściwe działanie". Odczuj prawdę tego, co afirmujesz, i gdy będziesz zdawał sobie z tego sprawę, wszelkie szkodliwe uwarunkowania rozproszą się w świetle Bożej miłości.

Sprawdzianem twojej wiary i zaufania jest mentalny stan wyciszenia i spokoju. Utrzymuj spokój umysłu i pomódl się od nowa za konkretną osobę, gdy odczujesz taką potrzebę. Stopniowo zbudujesz odpowiedni stan umysłu i któregoś dnia wszystkie cienie się rozproszą.

## Był umierający, po czym ożył i zaczął mówić

• Po jednym z wykładów w Oakland w Kalifornii, gdy przebywałem w hotelu, złożył mi wizytę pewien mężczyzna, żeby zapytać, w jaki sposób powinien się wraz z żoną modlić. Przyznał wtedy, że wierzy w moc podświadomości i że samą *Potęgę podświadomości* przeczytał ponad piętnaście razy, a co więcej, że pilnie praktykuje to, czego się z niej dowiedział.

Jego syn, który należał do kościoła ewangelikalnego i dosłownie odczytywał biblijny przekaz, ciężko zachorował i przez kilka dni pozostawał w stanie śpiączki. Lekarze nie dawali mu większych szans na przeżycie, choć zrobili wszystko, co możliwe, żeby go uratować, a byli dobrymi specjalistami.

Pewnego dnia wspomniany mężczyzna, modląc się o przewodnictwo, odwiedził swojego syna, który nie był w stanie go rozpoznać. Ojciec głośno zwrócił się do podświadomości syna: „Synu, Jezus stoi przed tobą i ty go doskonale widzisz. Jezus przyszedł tu, aby cię uzdrowić. Kładzie teraz na tobie ręce, a ty odczuwasz Jego dotyk”.

Powtórzył to zdanie powoli kilka razy – delikatnie i z wielkim przekonaniem. Gdy wypowiadał te słowa, jego syn był nieprzytomny i nie odzyskał przytomności. Lecz po dziesięciu minutach chłopak usiadł na łóżku i zwrócił się do ojca: „Cześć, tato. Jezus przyszedł i dotknął mnie. Wiem, że jestem zdrowy. Powiedział do mnie: ‘Mówię ci, wstań’”. Dwa dni później został w dobrym stanie zdrowia wypisany ze szpitala.

Cóż takiego się wydarzyło? Podświadomość chłopca zaakceptowała proklamację ojca na temat obecności Jezusa, a następnie zaprojektowała odpowiednią formę myślową. W praktyce oznaczało to, że gdy chłopiec spał, została mu przedstawiona jego wizja Jezusa, oparta na wszystkich wiadomościach, jakie do tej pory o Nim zdobył (modlitewniki, obrazy w mieszkaniu, figury widywane w kościele itd.). Chłopak ten ślepo wierzył, że Jezus był przy nim i że położył na nim ręce. Jego ślepa wiara została poważnie potraktowana przez podświadomość, która odpowiedziała na miarę potrzeb.

Możesz powiedzieć do człowieka pozostającego w transie, że jego babcia jest przy nim i że on widzi ją wyraźnie. Zobaczy wtedy babcię w takiej postaci, w jakiej ją zna. Jego podświadomość projektuje obraz babci, oparty na obrazowej pamięci. Tego samego człowieka możesz poddać posthipnotycznej sugestii, mówiąc do niego: „Po wyjściu z transu pozdrowisz swoją babcię i porozmawiasz z nią". A on dokładnie tak postąpi.

Takie zjawisko określa się subiektywną halucynacją. To wiara, płonąca w podświadomości tego człowieka, była uzdrawiającym czynnikiem. Wszystko jest nam zawsze dane zgodnie z naszą wiarą czy też mentalnym nastawieniem.

## Wskrzeszanie „umarłych"

• Podświadomość jest otwarta na sugestię nawet wtedy, gdy dana osoba jest nieprzytomna. Głębszy umysł może ją odbierać i być posłusznym poleceniom osoby hipnotyzującej. W pewnym sensie możesz nazwać taką sytuację *wskrzeszeniem zmarłego*. Jest to wskrzeszenie zdrowia, wiary, zaufania i witalności.

## Nie poddała się leczeniu

• Pewna kobieta zadzwoniła do mnie z Nowego Orleanu informując, że czuje się bardzo słabo. Trzykrotnie upadła w ciągu tygodnia po wykonaniu kilku drobnych prac. Zasugerowałem jej, żeby natychmiast skontaktowała się z lekarzem oraz żeby się pomodliła za niego i za siebie, będąc nieustannie świadomą, że Bóg obecny jest w jej głębi i pragnie ją uzdrowić.

Ona na to: „Nienawidzę lekarzy, pielęgniarek i lekarstw. Mój mąż też nalega, żebym poszła do lekarza, ale ja wierzę, że Bóg mnie uzdrowi". Wyjaśniłem jej, że będąc tak wypełnioną nienawiścią, blokuje uzdrawiający strumień miłości i radości, i że musi po prostu pozwolić, aby światło Bożej miłości wkroczyło do jej serca. Była jednak uparta. Niewzruszona mówiła: „Nie pójdę do żadnego lekarza". Jej mąż powiedział mi później, że tego samego dnia nagle upadła i trzeba ją było zabrać do szpitala, gdzie umarła wskutek zatoru tętnicy wieńcowej.

Mąż błagał ją, aby poddała się badaniom. Gdyby to zrobiła, z pewnością rozpoznano by jej dolegliwości i udałoby się ją uratować. Na pewno żyłaby dłużej. Właściwa medyczna diagnoza i leczenie oraz modlitwa przyniosłyby w jej życiu błogosławione owoce. Bóg jest obecny w działaniu lekarzy. Każdy człowiek jest świątynią żywego Boga.

## Szacunek należny lekarzom

- W Księdze Syracha czytamy:

*Czcij lekarza czcią należną z powodu jego posług,*
*albowiem i jego stworzył Pan.*
*Od Najwyższego pochodzi uzdrowienie,*
*i od Króla dar się otrzymuje.*
*Wiedza lekarza podnosi mu głowę,*
*nawet i wobec możnowładców będą go podziwiać.*
*Pan stworzył z ziemi lekarstwa,*
*a człowiek mądry nie będzie nimi gardził.*
*Czyż to nie drzewo wodę uczyniło słodką,*
*aby moc Jego poznano?*
*On dał ludziom wiedzę,*
*aby się wsławili dzięki Jego dziwnym dziełom.*
*Dzięki nim się leczy i ból usuwa,*
*z nich aptekarz sporządza leki,*
*aby się nie kończyło Jego działanie*
*i pokój od Niego był po całej ziemi.*
*Synu, w chorobie swej nie odwracaj się od Pana,*
*ale módl się do Niego, a On cię uleczy.*
*Usuń przewrotność – wyprostuj ręce*
*i oczyść serce z wszelkiego grzechu!*

*Ofiaruj kadzidło, złóż ofiarę dziękczynną z najczystszej mąki,*
*i hojne dary, na jakie cię tylko stać.*
*Potem sprowadź lekarza, bo jego też stworzył Pan,*
*nie odsuwaj się od niego, albowiem jest on ci potrzebny.*
*Jest czas, kiedy w ich rękach jest wyjście z choroby:*
*oni sami będą błagać Pana,*
*aby dał im moc przyniesienia ulgi*
*i uleczenia, celem zachowania życia* (Syr 38, 1-14).

Te bardzo mądre słowa przypominają ci, żebyś oprócz modlitwy korzystał z pomocy lekarza. Jeżeli masz przekonanie o obecności Boskiej pośród swych problemów, problemy te znikną. Pamiętaj, jeżeli nie jesteś w stanie wyrwać zęba czy złożyć od razu złamanej kości dzięki modlitwie, lepiej od razu idź do dentysty lub do chirurga. Tak podpowiada zdrowy rozsądek.

## Ateista uzdrowiony w sanktuarium

• Uzdrowienia zdarzają się niespodziewanie w różnych miejscach związanych z kultem religijnym. Wiele osób mówiło mi, że zostały uzdrowione w czasie naszej posługi w niedzielny poranek. Dodawały szybko, że nie spodziewały się uzdrowienia, że były nastawione sceptycznie, że się takimi rzeczami nie ekscytowały i nawet nie myślały o ewentualnym uzdrowieniu. Brakowało im wiary. W związku z tym rodzi się pytanie: jak mogły zostać uzdrowione?

Odpowiedź jest raczej prosta. Wszyscy ci ludzie, niezależnie od tego, czy uważają się za agnostyków, ateistów czy wierzących, pragną uzdrowienia, zaś ich umysły są otwarte na modlitwy pochodzące od innych ludzi. Ludzie ci chodzą do lekarzy, co świadczy o tym, że pragną zdrowia. Pragnienie jest modlitwą, a Bóg odpowiada na modlitwę ateisty (jeżeli on wierzy w możliwość uzdrowienia), ponieważ nie ma względu na osobę. Pragnienie uzdrowienia prowadzi do receptywnego, otwartego stanu umysłu i sprawia również, że idea doskonałego zdrowia rozwija się w podświadomości. I o to właśnie modlą się ludzie zebrani w kościele czy jakiejkolwiek świątyni.

Kiedy tzw. ateista, wspomniany w tytule, znajdzie się z ludźmi modlącymi się w świątyni, ludźmi, którzy afirmują, że wszyscy zebrani są uzdrawiani, że ich życie scala się i powraca do pełni, to pomiędzy nim a tymi ludźmi wywiązuje się psychologiczna i duchowa więź. W ten sposób możliwym staje się jego uzdrowienie: uzdrawiające wibracje, emanujące od wszystkich zebranych, wywierają swego rodzaju nacisk na podświadomość, wypierając wypełniające ją negatywne wzorce i otwierając drogę dla uzdrawiającej mocy. Wspólna modlitwa neutralizuje mentalną truciznę obecną w podświadomości tego człowieka i otwiera drogę dla ducha pełni i piękna.

## ZAPAMIĘTAJ

1. Twoja podświadomość jest w stanie widzieć przyszłe wydarzenia.
2. Matka może modlić się za syna, który znajduje się tysiące mil od niej. Gdy podtrzymuje myśl: „Bóg w głębi jego jestestwa uzdrawia go teraz" i jeżeli jej umysł trwa w pokoju, jej przekonanie o Boskiej Uzdrowicielskiej Obecności zostaje wskrzeszone w podświadomości syna i jego stopa zostaje uzdrowiona. Umysł wznosi się ponad czas i przestrzeń, w związku z czym wewnętrzne przekonanie matki natychmiast manifestuje się w doświadczeniu syna.
3. Mężowie wraz z żonami są połączeni na poziomie podświadomości. Żona może odczuć chorobę swego męża we śnie i modląc się zapobiec tragedii. W ten sposób pewna kobieta zobaczyła swojego męża, który przeżył atak serca prowadząc samochód. Uciekła się do modlitwy, która została wysłuchana.
4. Oficer podczas patrolu w wietnamskiej dżungli usłyszał głos swojej siostry: „Stój, przed tobą jest mina!". Natychmiast się zatrzymał i w ten sposób uratował siebie i kolegów.

5. Kiedy Biblia mówi: „On posłał swoje słowo i uzdrowił ich”, znaczy to, że nie musisz odwiedzać chorej osoby, która może się znajdować tysiące mil od ciebie. Pamiętając jednak, że umysł nie jest związany kategoriami czasu i przestrzeni, ktoś może wejść w głęboką świadomość uzdrawiającej mocy Boskiej. Chora osoba odczuje twoje wewnętrzne przekonanie i nastąpi uzdrowienie.
6. Pewien mężczyzna zdawał sobie sprawę, że podświadomość jego syna pozostającego w stanie śpiączki była otwarta na jego sugestię. Wysłał więc potężną sugestię do jego umysłu afirmując: „Jezus jest tutaj i dotyka cię. Jezus cię teraz uzdrawia”. Chłopiec zobaczył postać Jezusa. Wierząc, że Jezus jest przy nim, został uzdrowiony. Uzdrowiła go jego ślepa wiara, ponieważ podświadomość wszystko traktuje poważnie, nie rozróżniając, czy przedmiot wiary jest prawdziwy, czy fałszywy. Uzdrawiająca moc podświadomości jest jedyną mocą, która stoi za wszystkimi technikami, procedurami, ceremoniami, talizmanami, świątyniami czy też innymi tego typu rzeczami.
7. Gdy jesteś chory i modlisz się o uzdrowienie, nie unikaj lekarza. Czasem trzeba się udać do niego natychmiast.
8. Wielu religijnych fundamentalistów nie chodzi do lekarza, gdy są poważnie chorzy. W swoich zabobonnych przekonaniach wierzą, że to im zaszkodzi. Wszystko to jest jakąś formą obłędu czy szaleństwa. Skrajności są zawsze niebezpieczne. Po modlitwie zdrowie powinno szybko powrócić. Jeżeli tak się nie dzieje, oznacza to, że nie posiadasz takiej wiary, jak sądziłeś. Idź do lekarza, pobłogosław go i nie ustawaj w modlitwach o zdrowie i harmonię. Nie przestawaj szukać prawdziwej wiary, która manifestuje się tu i teraz. Wielu ludzi byłoby dziś żywych, gdyby w porę udali się do lekarza, zamiast odrzucać jego pomoc i w ten sposób stawać na drodze własnemu zdrowiu.
9. Księga Syracha wyraźnie i kategorycznie przypomina o szacunku, jaki winniśmy oddawać lekarzom ze względu na ich rolę w naszym życiu.

10. Nawet ateista może otrzymać odpowiedź na swoje modlitwy, ponieważ prawa umysłu są bezosobowe. Jeżeli pragnie zdrowia i idzie do lekarza z zamiarem poddania się leczeniu, a potem wejdzie do świątyni, gdzie trwa modlitwa o uzdrowienie, jest bardzo możliwe, że kolektywna świadomość zebranych wniknie w jego podświadomość, co zaowocuje jego uzdrowieniem.

ROZDZIAŁ 7.

# Życie nie ma końca

Tysiące lat temu Hiob zapytał: „Jeśli człowiek umrze, czy znów się narodzi?". Bóg jest Życiem, a Życie nie umiera – nie ma początku ni końca. Każda osoba jest manifestacją Boga czy Życia.

Twoje ciało jest instrumentem czy narzędziem, poprzez które wyraża się Zasada Życia. Niezależnie od tego, w jakim wymiarze będziesz funkcjonował, zawsze będziesz miał jakieś ciało.

Tak zwana śmierć nie jest żadnym końcem. Jest raczej początkiem. Osiągniesz właściwie nowe przeznaczenie, kiedy odejdziesz z tej trójwymiarowej egzystencji i spojrzysz na to jako na nowe narodzenie. Posiądziesz nowe, bardziej subtelne ciało, umożliwiające ci przekraczanie zamkniętych drzwi, wznoszenie się ponad ograniczenia czasu i przestrzeni oraz znajdowania się tam, gdzie pragniesz być przez pośrednictwo myśli. Milton powiedział: „Śmierć jest złotym kluczem do wieczności". Każdy człowiek jest w podróży od chwały do chwały poprzez wiele mieszkań w domu naszego Ojca.

Gdy przejdziesz do następnego wymiaru życia, będziesz widział i będziesz widzianym, rozpoznasz swoich najbliższych, posiądziesz wszystkie zdolności. Gdy pojawiłeś się na tym świecie, dotykały cię kochające ręce, które się o ciebie troszczyły. To zaś, co się sprawdza na tym planie istnienia, jest również prawdziwe na pozostałych planach. Spotkasz tam swoich najbliższych, którzy zatroszczą się o ciebie i którzy wprowadzą cię w zasady życia w nowym wymiarze.

## Życie jest rozwojem

• Życie jest niekończącym się, nieustannym postępem naprzód, wzwyż, do Boga. Nie możesz się cofać, ponieważ zasadą życia jest rozwój, ekspansja i wzrost. Bóg jest Nieskończonym Życiem. To Życie jest twoim życiem, dlatego twoja wolność i duchowa świadomość jest nieograniczona. Nigdy przez całą wieczność nie wyczerpią się cuda, które są w tobie.

Paweł pisze: *Są ciała niebieskie i ziemskie, lecz inne jest piękno ciał niebieskich, inne – ziemskich. (...) Zasiewa się zniszczalne – powstaje zaś niezniszczalne; sieje się niechwalebne – powstaje chwalebne; sieje się słabe – powstaje mocne; zasiewa się ciało zmysłowe – powstaje ciało duchowe. Jeżeli jest ciało ziemskie, powstanie też ciało niebieskie. (...) A jak nosiliśmy obraz ziemskiego [człowieka], tak też nosić będziemy obraz [człowieka] niebieskiego* (1Kor 15, 40-49).

## Żyjesz wiecznie

• W przywołanych wyżej słowach Paweł mówi, że w rzeczywistości nie ma śmierci i w związku z tym wszyscy ludzie są nieśmiertelni. Każde dziecko, które się urodzi, jest po prostu Życiem, które przybrało jego postać. W biblijnym znaczeniu jest to Bóg (Zasada Życia) przychodzący z nieba (z niewidzialnego stanu) i manifestujący się na ziemi. Gdy twoje obecne ciało przestanie doskonale funkcjonować, twoja osobowość zostanie przeniesiona w ciało określane często ciałem astralnym, subtelnym, niebiańskim, subiektywnym itd. Nie zabierzesz nic ze swoich posiadłości poza tym, co jest twoją wiedzą i wiarą na temat Boga, życia i wszechświata. Innymi słowy zabierzesz ze sobą pełnię swojej wiary, przekonań, wrażeń i świadomości.

## Nauczyciele z wyższego wymiaru obecni na wykładach

• Często niektórzy parapsychologowie, jasnowidze i podobnie obdarowani ludzie biorą udział w moich niedzielnych wykładach w Wilshire Ebell Theatre w Los Angeles. Opisują oni ludzi siedzących na scenie w czasie moich przemówień. Poprosiłem ich, aby opisali tych, których rzekomo widzieli i w każdym przypadku bardzo dokładnie opisali konkretnych nauczycieli z następnego wymiaru. Byli nimi: dr Emmet Fox, autor *Kazania na Górze*, sędzia Thomas Troward, autor sześciu książek na temat Nauki Umysłu i dr Harry Gaze, autor książki *Emmet Fox – człowiek i dzieło*. Ludzie ci opisali także bardzo dokładnie mojego ojca, który odszedł wiele lat temu, jak również moją siostrę i innych krewnych oraz nauczycieli. Z całą pewnością nigdy nie widzieli oni moich krewnych czy nauczycieli, o których wspominam w tym rozdziale. Nigdy też nie czytali ich dzieł ani nie widzieli fotografii.

Wcale nie patrzę na ich postrzeganie czy doświadczenie jako coś niezwykłego, nie ma bowiem żadnego powodu, żeby duchowo rozwinięte osoby nie mogły uczęszczać na takie spotkania, skoro sobie tego życzą, i żeby nie mogły się ukazywać, jeśli chcą. Osobiście nie widziałem ani mężczyzn, ani kobiet, wymienionych jako obecnych na scenie, lecz kilka z obecnych osób, które są bardzo wrażliwe i mają zdolności jasnowidzenia, często widzi te istoty na moich wykładach w niedzielne poranki, a czasami również wtedy, gdy wykładam *I Ching*, symbolizm tarota czy ezoteryczne znaczenie Biblii.

## ISTOTY Z INNEGO WYMIARU MOGĄ SIĘ NAM UJAWNIAĆ

• Sędzia Thomas Troward większą część swojego życia spędził w stanie Pendżab w Indiach. Poniższe słowa pochodzą z jego książki *Kreatywny proces zachodzący w jednostce*, wydanej po raz pierwszy w Niemczech w 1915 roku:

> Manifestacja ma swoje źródło w zasadzie – by tak rzec – pewnej formy, w której zasada ta staje się aktywna. W tym samym czasie musimy przypomnieć sobie, że choć forma jest konieczna dla zaistnienia manifestacji, to jednak nie jest ona jednoznacznie określona, ponieważ ta sama zasada może manifestować się w różnych formach, podobnie jak elektryczność może uzewnętrzniać się zarówno poprzez lampę, jak i tramwaj, nie zmieniając swej natury. W ten sposób dochodzimy do konkluzji, że zasada życia zawsze pozostanie ta sama, choć ciało, w którym aktualnie funkcjonuje, nie musi mieć takiego samego składu fizycznego jak to, w którym obecnie przebywamy. Możemy sobie wyobrazić kilka odległych planet, gdzie nie występują znane nam ziemskie kombinacje chemiczne, lecz jeśli podstawowa zasada życia jakiejś jednostki byłaby tam przeniesiona, wtedy zgodnie z prawem kreacji „przyodziałaby się" w materialne ciało, skomponowane z substancji tamtej planety.
>
> Taka koncepcja rodzi trudność w związku z dwoma zasadami, do których przywiązuję wagę. Chodzi, po pierwsze, o zdolność Ducha do stwarzania ex nihilo i, po drugie, o świadomość jednostki co do podstawowej zasady jedności, która jest właściwa Naturze. Odnośnie pierwszej kwestii trzeba zauważyć, że samoświadoma zasada życia może powołać do istnienia jakiekolwiek ciało, które wybierze, zaś odnośnie drugiej – może być ona poprowadzona do

> urzeczywistnienia harmonii z naturalnym porządkiem tej konkretnej planety, dostosowując się do innych zamieszkujących ją istot. To jednak nie usuwa indywidualnej wiedzy tej osoby co do tego, jak się tam znalazła, a co więcej, w wyniku tożsamości z Uniwersalną Zasadą Życia może ona zgodnie ze swoją wolą unicestwić ciało, które dostosowało się do warunków na tej konkretnej planecie. Może też pod każdym względem przypominać wszystkie zamieszkujące tę planetę istoty, z jednym bardzo ważnym wyjątkiem: odkąd osiągnęła ona jedność ze Stwórczą Zasadą, nie podlega wpływowi prawa materii tak jak tamte istoty.

Na podstawie powyższego fragmentu możesz się przekonać, że każda duchowo rozwinięta jednostka, która odczuwa jedność z Uniwersalną Zasadą Życia, może projektować siebie do dowolnego kraju, a nawet na inne planety, jeżeli tylko chce, zaś wspomniana Zasada Życia, która jest pełnią mądrości i wiedzy, a także jedyną przyczyną i substancją, zaprojektuje jej ciało na miarę warunków panujących na konkretnej planecie. Innymi słowy osoba ta będzie mogła pojawiać się i znikać zgodnie ze swą wolą.

Jeśli, na przykład, roztopisz lód, otrzymasz wodę. Jeżeli podgrzejesz wodę, otrzymasz parę, która jest niewidzialna. Ale para, woda i lód są tym samym – są jedną wibrującą na różnych częstotliwościach falą. Funkcje oraz fizyczne właściwości każdej z nich są różne. Tak więc para, woda i lód są tym samym, lecz każde z nich ma inne właściwości. W podobny sposób i ty jesteś duchem, umysłem i ciałem. Nie ma nic nielogicznego w przypadku duchowo rozwiniętego człowieka, żyjącego powiedzmy w Nowym Jorku i kontemplującego siebie jako obecnego w Johannesburgu, żeby w tym drugim mieście natychmiast się pojawił. Jest on mentalną i duchową istotą, świadomą tego, że umysł i duch są wszechobecne. Gdy więc ten człowiek skupia się na pewnym miejscu i proklamuje, że tam na pewno jest, wtedy automatycznie dematerializuje swoje ciało, składające się z atomów i cząsteczek, które teraz stają się niewidzialne jak para, o której wspominałem. Następnie człowiek ten kondensuje swoją wysokocząsteczkową wibrację w zwyczajnym, trójwymiarowym ciele i ujawnia się jako ten, który spaceruje ulicami Johannesburga. Tak rozwinięty człowiek mógłby także, gdyby chciał, odejść do innego wymiaru, jak również udać się na inne planety i powrócić stamtąd.

## Umierający mężczyzna spotyka najbliższych z wyższego wymiaru

• Ostatnio odwiedziłem pewnego mężczyznę, który umarł na raka i który – zanim to się stało – wykroczył poza własne ciało. Poruszył ze mną kilka problemów, a następnie pomodliliśmy się wspólnie. Człowiek ten twardo stąpał po ziemi. Nie przeszkodziło mu to jednak rozpocząć nagle rozmowy ze swym ojcem i matką, którzy opuścili ten świat wiele lat temu. Obwieścił wtedy: „Oni tu są i ja z nimi idę". Potem dodał: „Widzę Johna. Nie wiedziałem, że on też tam jest!". Tymczasem jego żona, która była przy tym obecna, nie odczuwała obecności Johna. Lecz tydzień później otrzymała list z Indii, gdzie stacjonował ich syn. Umarł on właśnie w tej chwili, w której ojciec widział go w następnym wymiarze.

## Bliscy, którzy odeszli, są obok ciebie

• Twoi krewni, którzy rzekomo umarli, są cały czas przy tobie. Musisz więc porzucić przekonanie, że oni „umarli". Żyją teraz życiem Boga i są od nas oddzieleni jedynie wysokością częstotliwości. Nie widzisz kosmicznych promieni czy też jakichkolwiek innych (alfa, beta, gamma czy podczerwonych). Twoje fizyczne oczy są ślepe na rzeczywistość, która cię otacza i przenika. Widziałbyś świat różny od tego, gdybyś użył swego jasnowidzącego oka w podobny sposób. Cóż za piękny świat byś widział, gdyby twoje spojrzenie było tak przenikliwe, jak przenikliwe jest na przykład promieniowanie rentgenowskie!

Mógłbyś pomyśleć, że czytając tę książkę jesteś sam w pokoju, ale włącz radio czy telewizor, a wtedy zobaczysz lub usłyszysz ludzi mówiących, śmiejących się, tańczących. Widzisz mężczyzn i kobiety znajdujące się tysiące mil od ciebie. Wszystkie te programy wypełniają twój pokój w czasie, gdy czytasz tę książkę. Każdy człowiek jest zarazem nadawczą i odbiorczą stacją i właśnie dlatego mógł wynaleźć te rzeczy, ponieważ wszystkie te moce i zdolności są w nim ukryte – w wielu osobach są niejako w zalążku, lecz w niektórych dochodzą wyraźnie do głosu i uzewnętrzniają się.

## Odrzuć ten hipnotyczny bełkot

• Przeciętny człowiek jest pod wpływem hipnotycznego bełkotu na temat życia i śmierci. Lecz gdy otwiera swoje duchowe oczy i odrzuca błędne wierzenia i przekonania, które przez wieki gromadziły się w jego umyśle, zaczyna rozumieć, że istnieje poza czasem i przestrzenią, i odczuwa obecność tych, których teraz nazywa „zmarłymi".

Byłem obecny obok wielu mężczyzn i kobiet w czasie ich odchodzenia z tego świata. Nie okazywali oni najmniejszego lęku. Tacy ludzie intuicyjnie czują, że wchodzą w wyższy wymiar istnienia. Thomas Edison zanim umarł, powiedział do swojego lekarza: „Jest tam bardzo pięknie". Wszystkich nas napełnia naturalny smutek w związku z odejściem kogoś bliskiego oraz obawa o ich życie w następnym wymiarze. Musimy mimo tego smutku dostrzec ich uśmiechnięte twarze.

## Ojciec powraca, by naprawić wyrządzone zło

• Jeden z moich przyjaciół, prawnik mieszkający w Meksyku, powiedział mi, że jego siostra zahipnotyzowała ojca, zanim umarł, oddziałując na niego posthipnotyczną sugestią, zgodnie z którą większą część swojej fortuny miał przekazać właśnie jej. I rzeczywiście tak się stało, gdyż działał zgodnie z treścią zapisaną w jego podświadomości, z czego świadomość zupełnie nie zdawała sobie sprawy.

Pewnego wieczoru, krótko po jego zgonie, rodzeństwo siedziało w salonie, słuchając jakiegoś programu radiowego. Wtedy ukazał im się ojciec w tym samym stroju, który zazwyczaj nosił przebywając w domu. Był bardzo rozgniewany na córkę. Wypomniał jej to, jak go zahipnotyzowała, oszukując tym samym swego brata. Nakazał jej wszystko natychmiast sprostować, co też ona czym prędzej zrobiła. W następnym wymiarze życia zdał sobie sprawę z tego, że został wykorzystany, i dlatego postanowił złożyć córce wizytę i w ten sposób naprawić zło, w którym nieświadomie wziął udział. Bez wątpienia intensywne pragnienie naprawy wyrządzonej krzywdy sprawiło, że jego podświadomość zmaterializowała jego osobowość w salonie.

Nie był to duch czy jakaś dziwna halucynacja, albo forma myślowa, lecz pełna osobowość ich ojca, który posiadł teraz wszystkie zdolności i który był w stanie skłonić córkę do odpowiedniego działania.

## Radość zamiast smutku

• Nie możesz rozpaczać i trwać w żałobie po śmierci swoich ukochanych. Promieniuj miłością, pokojem i radością w kierunku tych, którzy odeszli do wyższego wymiaru istnienia. Ciesz się z ich nowych narodzin, pamiętając o tym, że Boska miłość i Boskie życie są tam, gdzie oni. Uświadom sobie, że twoi bliscy, którzy odeszli, przebywają teraz w świecie piękna, pokoju i harmonii. Poprzez takie nastawienie umysłu sprawisz, że będą szczęśliwi. Zamiast rozmyślać nad tym, że oni umarli i odeszli, i że spoczywają w grobach, odczuj, że mądrość, inteligencja i Boska miłość przepływa teraz przez nich w wyższym wymiarze życia. Kiedykolwiek myślisz o swoich krewnych, którzy odeszli, błogosław im w milczeniu i afirmuj: „Bóg cię kocha i troszczy się o ciebie". Taki stan umysłu uzdrawia wszelki smutek i żal, którym zostałeś dotknięty.

## Na wyższym poziomie wibracji

- Po śmierci ciało człowieka zostaje pochowane, a następnie przechodzi proces rozpadu, przemieniając się w bardziej pierwotne elementy materii. Ludzie, którzy wyciągają z tego faktu praktyczne wnioski, nigdy nie odwiedzają grobów, ponieważ wiedzą, że nie ma w nich nikogo. Myśleć o ciele spoczywającym w grobie i kłaść na nim kwiaty znaczy tyle samo, co identyfikować się z ograniczonością i skończonością, które są źródłem chorób i wszelkiego rodzaju słabości w życiu ludzi, którzy hołdują tego rodzaju zwyczajom. W nowoczesnej liturgii pogrzebowej nie wspomina się o ciele, zaś krewni zmarłego spotykają się po to, żeby się modlić, medytować i celebrować jego nowe narodziny w Bogu.

## ZAPAMIĘTAJ

1. Bóg jest (twoim nowym) Życiem. Zasada Życia nie ma ani początku, ani końca. Dlatego nie ma granic dla twego rozwoju. Istniałeś już miliony lat temu, odzwierciedlając w sobie Jego chwałę.
2. W następnym wymiarze spotkasz swoich bliskich. Oni sprawili, że zaistniałeś w tym świecie. Teraz też pomogą ci w rozpoczęciu nowej podróży, która nie ma końca.
3. Życie jest w nieustannym rozwoju i nie zna pojęcia „wczoraj". Wchodzisz w coraz to nowe wymiary istnienia, a twój rozwój nigdy nie zostanie przerwany.
4. Od czasu do czasu na moich niedzielnych wykładach dla dużej publiczności pojawiają się bardzo wrażliwe osoby, które dostrzegają mężczyzn i kobiety z czwartego wymiaru, stojących obok mnie. Krótki opis wystarcza, abym precyzyjnie rozpoznał przybyszów. Ci wrażliwi słuchacze nigdy nie spotkali tych ludzi, o których mi mówią, zaś ci niewidzialni, posiadając wyższą wiedzę w zakresie ducha i praw umysłu, mogą – jeśli chcą – być pomiędzy nami, ponieważ nie istnieje dla nich czas ani przestrzeń.

5. Sędzia Thomas Troward, który napisał wiele niezwykłych książek na temat praw umysłu, przekonuje, że jeżeli ktoś postąpił w procesie samorealizacji, może bywać na innych planetach tak samo, jak w dowolnym zakątku ziemi. Osoba taka może to czynić poprzez skupienie swojej uwagi na miejscu, które pragnie odwiedzić; poprzez rozproszenie swojego obecnego ciała i zmaterializowanie się z pomocą stwórczej Inteligencji w innym punkcie Ziemi czy na innej planecie. Stwórcza Inteligencja może powołać do istnienia ciało na dowolnie wybranej planecie z obecnej tam materii.
6. Czasami mężczyźni i kobiety, którzy są o krok od przejścia do następnego wymiaru, słyszą swoich najbliższych, którzy odeszli wcześniej i rozmawiają z nimi, o czym mogą się przekonać ci, którzy są przy nich obecni.
7. Twoi najbliżsi, którzy odeszli wcześniej, są dokładnie tu, gdzie ty. Gdybyś posiadał zdolności jasnowidzenia, mógłbyś ich widzieć i rozmawiać z nimi. Są oni oddzieleni od ciebie jedynie wysokością częstotliwości. Patrząc na śmigło samolotu, które kręci się z coraz większą prędkością, w pewnym momencie przestajesz je zauważać. Wyłącz silnik, a śmigło znów zacznie być widzialne. Podobnie wygląda różnica pomiędzy naszym życiem a życiem w czwartym wymiarze.
8. Ojciec, który odszedł, może powrócić z następnego wymiaru, by ci przekazać ważną wiadomość. Jego intensywne pragnienie, aby naprawić popełniony błąd, sprawia, że jego postać staje się obecna i widoczna dla twoich oczu.
9. Nigdy nie rozpaczaj z powodu tak zwanej śmierci tych, którzy odeszli. Przedłużający się żal jest dowodem egoizmu, o czym świadczą takie twoje wypowiedzi, jak: *moja* strata, *mój* żal, *mój* ból. Otocz swoich ukochanych, którzy odeszli, pokojem i harmonią. Uświadom sobie, że Boska miłość przepływa przez nich, a radość w Panu jest ich mocą. Tego rodzaju nastawienie odpędzi od ciebie wszelki żal i ból. Raduj się ze swoimi najbliższymi no-

wymi narodzinami w Bogu. Nie możesz zatrzymać swoich najbliższych na zawsze. Zostali ci oni dani przez Boga i muszą do Niego powrócić. Twoje dzieci nie są tak naprawdę twoje – z twoją pomocą jedynie przyszły na ten świat. Dziecko, które żyło na tym świecie tylko przez godzinę albo urodziło się martwe, nadal żyje i jest jedną nutą w wielkiej symfonii stworzenia.

10. Nigdy nie odwiedzaj cmentarza w przekonaniu, że tam ktoś przebywa. Taka praktyka pogłębia w tobie uczucie żalu, braku i straty, ponieważ w ten sposób identyfikujesz się ze skończonością. Ciało nie jest osobą. Obdarz kwiatami swojego serca swoich najbliższych w tym miejscu, w którym się znajdujesz. Uświadom sobie prawdę, o której mówi Psalm 23: *Tak, dobroć i łaska pójdą w ślad za mną przez wszystkie dni mego życia i zamieszkam w domu Pańskim po najdłuższe czasy.*

ROZDZIAŁ 8.

# Odpowiedzi udzielane we śnie

Biblia mówi: *Słuchajcie słów moich: Jeśli jest u was prorok, objawię mu się przez widzenia, w snach będę mówił do niego* (Lb 12, 6).

W Biblii jest wiele odniesień do snów, wizji, objawień i ostrzeżeń przekazywanych w czasie snu. Twoja podświadomość pracuje na okrągło – dwadzieścia cztery godziny na dobę: ona nigdy nie śpi. Wiemy z Biblii, że Józef precyzyjnie analizował sny faraona i że jego przenikliwość i roztropność w przepowiadaniu przyszłości dzięki interpretacji snów przyniosła mu uznanie w oczach władcy.

Sny przez wieki intrygowały filozofów, mistyków i naukowców. Wiele odpowiedzi na ważne pytania uzyskiwali ludzie poprzez sny. Od czasów biblijnych znamy ogromną rzeszę różnych interpretatorów snów. Freud, Jung, Adler i wielu innych znanych psychologów i psychiatrów studiowało symbole ujawniające się w snach i dzięki rozpoznawaniu ich znaczenia mogli oni pomóc swoim pacjentom uwolnić się od przeróżnych wewnętrznych uwarunkowań.

W twoich snach uzewnętrznia się zawartość twojej podświadomości. Sny są kluczem do rozwiązania wielu problemów związanych z inwestycjami, podróżami i małżeństwem, jak również całym spektrum drobnych kłopotów, z którymi codziennie się zmagasz. Twój sen nie jest niczym innym jak tylko udramatyzowaną treścią twej podświadomości i nie ma w tym nic fatalistycznego. Codziennie kreujesz swoją przyszłość poprzez swoje myśli i uczucia. Jeśli więc posłużysz się odpowiednio prawami umysłu odnośnie swej podświadomości, możesz wykreować kształt swojej przyszłości. Pamiętaj, twoja przyszłość jest określona przez twoje obecne myślenie, ponieważ twoja podświadomość przechwytuje wnioski, do których dochodzisz i przetwarza je w konkretne wydarzenia.

## ZNACZENIE SENNYCH SYMBOLI

• Sny konkretnej osoby są z nią ściśle związane i odnoszą się do jej życia. Takie same symbole, ale ujawniające się w snach kogoś innego, mogą mieć zupełnie odmienne znaczenie.

## FORTUNA UJAWNIONA WE ŚNIE

• Pewnego dnia odebrałem telefon od kobiety mieszkającej w Nowym Jorku. W trakcie rozmowy poinformowała mnie, iż jej mąż, zanim umarł, powiedział jej, że zamierza zadysponować dużą sumą, przechowywaną w bankowym sejfie, i zainwestować te pieniądze za granicą, by pomnożyć swoje zyski. Umarł kilka dniu później i gdy otworzono w banku sejf, okazało się, że nie ma w nim gotówki. Okazało się, że dwa dni wcześniej mężczyzna ten opróżnił zawartość sejfu. Nie było śladu żadnej inwestycji ani żadnej wskazówki, gdzie szukać tych pieniędzy.

Zasugerowałem tej kobiecie, aby zwróciła się z prośbą do swojej podświadomości, która zna odpowiedź, zapewniając ją, że podświadomość ujawni jej tę odpowiedź na swój własny sposób. Każdego dnia przed snem modliła się tak: „Moja podświadomość wie, gdzie mój mąż ukrył pieniądze. Wierzę, że wkrótce poznam całą prawdę". Spokojnie rozważała znaczenie tych słów wiedząc, że odcisną one piętno na jej podświadomości, aby skłonić ją do odpowiedzi.

Miała potem bardzo obrazowy sen, w którym zobaczyła małe, czarne pudełko, ukryte w ścianie za obrazem Lincolna w pokoju jej męża.

W tym śnie została również poinstruowana, w jaki sposób nacisnąć ukryty przycisk otwierający pudełko. Gdy się obudziła, natychmiast udała się do pokoju męża, zdjęła ze ściany obraz Lincolna i gdy nacisnęła widziany we śnie przycisk, znalazła skrytkę zawierającą czarne pudełko z pięćdziesięcioma tysiącami dolarów w gotówce.

W ten sposób doceniła bogactwo swej podświadomości, która wszystko wie, wszystko widzi i zna sposób osiągnięcia celu. Ty również możesz dokonać podobnych rzeczy, zaprzęgając swoje pozazmysłowe postrzeganie do odkrywania różnych skarbów, które do ciebie należą.

## Sen uchronił ją przed szokiem

• Pewnej kobiecie przez cztery kolejne noce śnił się ten sam sen. W tym śnie ukazał się jej narzeczony, który mieszkał w Los Angeles. Nagle przeogromna góra stanęła pomiędzy nimi. Obudziła się pełna niepokoju.

Zapytałem ją, co mogłaby dla niej symbolizować ta góra, ponieważ każdy sen, jeśli go dobrze zinterpretować, koresponduje w jakiś sposób z wewnętrzną świadomością i przekonaniami człowieka, który go śni. Co więcej, powtarzający się sen ma dużo większe znaczenie, jest bowiem intuicyjnym głosem podświadomości, który mówi: „Zatrzymaj się, popatrz i posłuchaj". W jej mentalnym słowniku słowo *góra* oznaczało przeszkodę nie do pokonania. Zasugerowałem jej, aby porozmawiała ze swym narzeczonym na temat tego snu, żeby się upewnić, czy nie ma czegoś, o czym powinna się dowiedzieć.

Poleciała więc do Los Angeles, aby spotkać się z narzeczonym. W szczerej rozmowie wyznał jej: „Jestem homoseksualistą. Chciałem się z tobą ożenić, żeby moi klienci, którzy są bardzo religijni, niczego nie podejrzewali".

Sen ustrzegł ją więc przed ogromnym szokiem. Ty też możesz cieszyć się takim wglądem w swoje życie i w swoją przyszłość, analizując treść powtarzających się snów.

## Skąd wziął się ten sen

• Kobieta ta od kilku miesięcy czuła, że coś wisi w powietrzu, lecz nie umiała tego rozpoznać. Modliła się więc, proklamując, że nieskończona inteligencja jej podświadomości ujawni odpowiedź i że wszystko stanie się dla niej jasne.

W Biblii czytamy: *We śnie i w nocnym widzeniu, gdy spada sen na człowieka; i w czasie drzemki na łóżku otwiera On ludziom oczy, przerażenie budzi w ich sercu* (Hi 33, 15-16).

## Różne typy snów

• Jest wiele różnych rodzajów snów. Jedne są związane z naszym życiem seksualnym, inne znowu z dolegliwościami cielesnymi, religijnymi lękami, przeszłymi wydarzeniami czy wreszcie z tym, co niesie dzień.

Jest jednak wiele snów, które – zwłaszcza gdy się powtarzają – mogą przed tobą odsłonić przyszłe wydarzenia. Niejednokrotnie w czasie takiego snu są ci udzielane instrukcje, zgodnie z którymi powinieneś działać.

## We śnie poznała przyszłego męża

• Pewnej młodej, przedsiębiorczej kobiecie przyśnił się mężczyzna – wysoki, szczupły i niebieskooki blondyn. Oświadczył się jej w tym śnie, ona zaś przyjęła jego oświadczyny. Spotkała go kilka dni później, gdy przyszedł do biura, w którym była zatrudniona, aby przeprowadzić wywiad z jej pracodawcą. Spotkanie to zaowocowało przyjaźnią, a dwa miesiące później byli już małżeństwem.

Sny podobne do tego bardzo często się powtarzają i nie jest niczym niezwykłym, że śniący je ludzie poślubiają wyśnionych wcześniej partnerów. Możesz uwolnić ogromne intuicyjne moce, zaprzęgając do pracy swoje sny, jak to było w tym przypadku.

## Dlaczego tak się stało

• Ta młoda kobieta każdego wieczoru modliła się o właściwego kandydata na męża, afirmując: „Wiem, że teraz stanowię jedno z Bogiem. W Nim żyję, poruszam się i jestem. Bóg jest Życiem, a Życie to jest życiem wszystkich mężczyzn i kobiet. Wszyscy jesteśmy synami i córkami jednego Ojca.

Wiem i wierzę, że na tym świecie jest mężczyzna, który pragnie mnie poślubić. Wiem również, że mogę przyczynić się do jego szczęścia. On kocha moje ideały, a ja akceptuję jego przekonania. Nie zamierzam mu nic narzucać. On również nie chce wywierać na mnie żadnej presji. Kochamy się wzajemnie i szanujemy.

Jest tylko jeden Umysł, w którym już mam kontakt z moim ukochanym. Jednoczę się teraz z echami, które podziwiam i co do których pragnę, żeby uzewnętrzniły się w osobowości mojego męża. Tworzę z nim jedność w mym umyśle. Kochamy się już wzajemnie w Boskim umyśle. Widzę w nim Boga, a on widzi Boga we mnie. Spotkawszy go w swym umyśle, muszę się z nim teraz spotkać w rzeczywistym świecie, bo tak stanowi prawo mojego umysłu.

Słowa te przyniosą właściwy skutek. Wiem, że ich owoc jest już obecny w Boskim umyśle. Dzięki ci, Ojcze".

Te afirmowane przez nią treści znalazły drogę do jej podświadomości i po tym, jak zidentyfikowała się z cechami, które podziwiała u tegoż nieznanego jej jeszcze mężczyzny, jej podświadomość automatycznie go przyciągnęła.

## Pozazmysłowe postrzeganie budzi się we śnie

• *Gdy idziesz, niech one cię wiodą, czuwają nad tobą, gdy zaśniesz; gdy budzisz się – mówią do ciebie* (Prz 6, 22). W czasie snu twoja świadomość nawiązuje twórczy kontakt z podświadomością. Wiele poczciwych osób myśli, że sen jest tylko po to, by nasze ciało mogło się zregenerować. Prawda jest jednak taka, że w czasie snu organy naszego ciała nieustannie pracują. W czasie snu odnawiają się nasze witalne siły, odzyskujemy wewnętrzną równowagę dzięki odzyskaniu psychicznej energii. Innym powodem, dla którego kładziemy się spać, jest rozwój duchowy, i dlatego jest bardzo ważne, abyśmy unikali wszelkich doświadczeń zakłócających naszą harmonię bezpośrednio przed snem. Tego rodzaju doświadczenia nie sprzyjają naszemu duchowemu spełnieniu.

Sen jest dla nas uprzywilejowanym stanem Boskiego prowadzenia. We śnie otrzymujemy odpowiedzi na nurtujące nas problemy. Wzory matematyczne, utwory literackie, wynalazki i wiele różnych pomysłów jest nam danych w czasie snu. Wiele odkryć, których dokonano w licznych laboratoriach na świecie, zainspirowanych zostało przez sen.

## Sekret odkrywców i wynalazców

• Możesz mieć bardzo ogólne pojęcie tego, co pragniesz odkryć lub wynaleźć, i to właściwie wszystko. Żeby to się zmieniło, możesz się odwołać do bardzo prostej techniki. Najpierw przeczytaj jak najwięcej na ten temat, a następnie w pasywnym stanie umysłu podtrzymuj obraz tego, co pragniesz wynaleźć. Potem przekaż ten obraz swojej podświadomości, prosząc, aby uzupełniła potrzebne detale, i idź spać. Kiedy się obudzisz, podążaj śmiało za swymi przeczuciami. Czasem będzie to wewnętrzne przekonanie, żeby podążyć w konkretnym kierunku albo wziąć pod uwagę pewną grupę faktów. Przekonasz się wielokrotnie, że takie czy inne rozwiązanie może ci się objawić we śnie. Ze względu na to dobrze jest mieć w zasięgu ręki ołówek, aby użyć go, gdy się obudzisz i zechcesz zapisać impresje, które pojawiły się w twoim umyśle w czasie snu. Możesz się bardzo zdziwić tym, co ci zostanie objawione.

Niektórzy mówią: „Ja nie miewam snów". Prawda jest taka, że wszyscy śnimy. Jeśli nie pamiętasz swoich snów, przemów do swej podświadomości, zanim zaśniesz, jednym słowem: „Pamiętam". Podświadomość wie, co chcesz pamiętać, i zastosuje się do twoich instrukcji.

Wszystko będzie ci dane na miarę twej wiary. Twój sen może być najlepszą bramą do pozazmysłowego postrzegania.

# ZAPAMIĘTAJ

1. W Biblii jest wiele odniesień do snów, wizji i objawień udzielanych człowiekowi w czasie snu.
2. Przez całe wieki człowiek zastanawiał się nad swoimi snami i we wszystkich kulturach cenieni byli ludzie cieszący się zdolnością interpretacji snów.
3. Sny uzewnętrzniają treść twojej podświadomości. Mogą również w sposób symboliczny odpowiadać na twoje problemy czy też przestrzegać cię przed niebezpieczeństwem. Przyszłe wydarzenia zapisane są w twojej podświadomości, ponieważ będą one owocem twoich subiektywnych impresji, przekonań i założeń.
4. Osobiście kreujesz swoją przyszłość, ponieważ jest ona owocem twojego nawykowego myślenia i wyobraźni. Twoja podświadomość, która nigdy nie śpi, poważnie traktuje twoje impresje i przekonania.
5. Każdy ma własną symbolikę snów, w związku z czym te same elementy mogą mieć dla innej osoby odmienne znaczenie. Musisz sam znaleźć klucz do interpretacji swoich snów.
6. Kobieta chcąca wiedzieć, gdzie znajdują się pieniądze, poprosiła swoją podświadomość, aby ujawniła miejsce, w którym się znajdują. Podświadomość odpowiedziała jej we śnie, wskazując miejsce ukrycia pieniędzy, jak również sposób otwarcia skrytki w ścianie. Podświadomość wszystko wie i wszystko widzi.
7. Młodą kobietę niepokoi coś w jej relacji z narzeczonym. Prosi więc swą podświadomość, aby ujawniła jej prawdę. Następnie we śnie widzi ogromną górę, która staje pomiędzy nią a jej narzeczonym. Góra jest dla niej symbolem przeszkody nie do przezwyciężenia. Narzeczony przyznaje się jej do swego homoseksualizmu i wyjaśnia, że chciał się z nią ożenić właśnie po to, by ukryć ten fakt.
8. Jest wiele rodzajów snów. Dla przykładu jeśli kładziesz się spać, nie zaspokoiwszy wcześniej pragnienia, może ci się przyśnić wiel-

ki zbiornik wody. W snach mogą się także ujawnić twoje frustracje, lęki, fobie i przeróżne kompleksy. Co więcej, sny, które się powtarzają, mogą ujawnić przed tobą przyszłe zdarzenia. Wiele odpowiedzi na bardzo kłopotliwe problemy uzyskujemy w czasie snów.

9. Nie ma nic niezwykłego w tym, że ktoś we śnie poznaje swojego przyszłego współmałżonka. To się zdarza, ponieważ rozważałeś na temat pewnych cech, które pragniesz widzieć w swoim przyszłym współmałżonku i w ten sposób zdeponowałeś te przekonania w swojej podświadomości, ona zaś przyciąga do ciebie tę osobę, która ucieleśnia te cechy.
10. Postrzeganie pozazmysłowe budzi się w nas w czasie snu. Kiedy kładziesz się spać, twoja świadomość jest w szczególny sposób połączona z podświadomością, a idee, które wypełniają twój umysł tuż przed snem, schodzą do podświadomości, a następnie treści te są w odpowiedni sposób materializowane.
11. Niejednokrotnie kiedy zastanawiasz się nad jakimś problemem bezpośrednio przed snem, okazuje się potem, że w czasie snu znajdujesz jego rozwiązanie. Wszystko jest ci dane na miarę twej wiary.

ROZDZIAŁ 9.

# Sen – uprzywilejowane miejsce jasnowidzenia

Z biegiem lat przyglądałem się temu, jak ludzie w różnych okresach swojego życia fascynują się snami. Dzienniki, tygodniki i magazyny wydawane z mniejszą częstotliwością stale opisują badania prowadzone przez lekarzy, psychologów i psychiatrów nad światem ludzkich snów dowodząc, że praktycznie wszyscy ludzie bez wyjątku mają sny. Badacze doszli do wniosku, że pozbawienie nas koniecznego snu może doprowadzić do mentalnych aberracji, a nawet poważnych psychoz.

Niemal każdemu współczesnemu człowiekowi znane są takie nazwiska jak Freud, Jung czy Adler. Ludzie ci wiele miejsca w swoich badaniach poświęcili snom, a ich interpretacje są bardzo różnorodne. Od niepamiętnych czasów mężczyźni i kobiety zastanawiają się nad tym, co jawi im się w snach. Wiele spośród tych snów mówi o tym, co nas czeka.

## Wiadomości pochodzące z umysłowej „telewizji"

• Pewien student powiedział mi ostatnio, że każdej nocy ogląda w swym umyśle „telewizję". Miał oczywiście na myśli swoje sny. Przez kilka tygodni był chory, w związku z czym opuścił bardzo ważne wykłady, ale zaraz po wyjściu ze szpitala zdecydował się podejść do egzaminu. W przeddzień sprawdzianu jego wiedzy instruował swoją podświadomość w taki oto sposób: „Pełna mądrości Nieskończona Inteligencjo, objaw mi wszystko, czego potrzebuję, żeby zdać jutrzejszy egzamin. Akceptują twą odpowiedź". Następnie spokojnie zapadł w głęboki sen. Tej nocy widział wyraźnie wszystkie pytania na ekranie swego umysłowego telewizora i natychmiast wstał, aby zapoznać się ze stosowną partią materiału z podręcznika. Tego typu zdarzenia często mają miejsce w życiu tego młodego człowieka, ponieważ wierzy on, że mądrość jego podświadomości prowadzi go w czasie studiowania.

## Sen uratował jej życie

• Pisanie tego rozdziału przerwała mi telefoniczna rozmowa z pewną kobietą, należącą do naszej organizacji i przebywającą obecnie w Londynie. Oto z grubsza to, co mi powiedziała: „Ubiegłej nocy ukazałeś mi się we śnie i ostrzegłeś mnie, abym w żadnym wypadku nie jechała do Nottingham samochodem, jak to zamierzałam zrobić. Kazałeś mi pojechać pociągiem. Byłam umówiona z dwojgiem moich kuzynów, że pojedziemy samochodem, ale za twoją sugestią zrezygnowałam z tej wspólnej podróży. Krótko potem przeżyłam szok, gdy się dowiedziałam, że moi krewni mieli wypadek i są w bardzo ciężkim stanie".

## Specjalny program modlitewny

• Zanim ta kobieta wyjechała do Europy, zaproponowałem jej, żeby modliła się w następujący sposób: „Przez cały czas mej podróży jestem prowadzona przez Boga. Wysyłam przed siebie posłańców, którymi są: Boska miłość, pokój, harmonia i właściwe działanie, aby czynili moją drogę prostą, piękną, radosną i szczęśliwą, bo jeśli jestem z Bogiem, nie spotka mnie żadne zło.

Jadąc samochodem, pociągiem, autobusem, lecąc samolotem albo korzystając z jakiegoś innego środka transportu jestem zawsze pod Boską opieką. Niewidzialny pancerz dany mi przez Boga chroni mnie przed wszelkimi niebezpieczeństwami. Boski Duch jest ze mną na wszystkich mych drogach. To cudowne!".

## Dlaczego jej się to przyśniło

• Instynkt samozachowawczy jest najbardziej pierwotnym prawem życia, więc twoja podświadomość zawsze troszczy się o to, aby uchronić cię przed wszelkimi nieszczęściami. Modlitwa, którą praktykowała kobieta, nasączyła jej podświadomy umysł i uaktywniła w nim nadnaturalne moce. Bez wątpienia jej podświadomość wiedziała, że gdyby ta kobieta pojechała do Nottingham samochodem, ucierpiałaby w wypadku i dlatego wywołała w jej umyśle obraz pastora, wypowiadającego konkretne słowa. Podświadomość tej kobiety wiedziała bowiem, że ona go posłucha. Moje pojawienie się w jej śnie było po prostu gwarantem prawdziwości przesłania przekazanego jej w czasie snu.

## Nie mogła pojechać samochodem

• Jest bardzo ważne, aby pamiętać, że harmonia i niezgoda nie chodzą w parze. Wspomniana kobieta nie mogła się znaleźć w samochodzie, który uległ wypadkowi, ponieważ odwoływała się do Boskiej miłości i harmonii, proklamując, że podążają one przed nią, czyniąc jej drogi bezpiecznymi, pełnymi radości i pokoju.

## „Mnie się nic nie śni"

• Podświadomość jest zawsze w stanie czuwania i nawet w czasie głębokiego odpoczynku twego ciała jest aktywna. Pewien młody mężczyzna, który uczęszczał na moje wykłady, był przekonany, że jego głęboki sen pozbawiony jest sennych marzeń, ponieważ po obudzeniu się nigdy nie pamiętał, żeby cokolwiek mu się śniło. Zaproponowałem mu więc, aby w chwili przebudzenia zasugerował sobie: „Pamiętam" i ku jego miłemu zaskoczeniu przypomniał mu się cały sen, w którym na dodatek znalazł rozwiązanie męczącego go od jakiegoś czasu problemu.

## Sen uchronił ją przed niebezpieczną operacją

• Pewna dziewczyna, nazwijmy ją Louise, usłyszała od swego lekarza, że koniecznie należy poddać operacji lewą stopę i przez jakieś dwa miesiące będzie musiała korzystać z pomocy kul. Modliła się w przekonaniu, że Nieskończona Inteligencja jej podświadomości doprowadzi ją do podjęcia właściwej decyzji. Po czterech dniach ten sam lekarz, który był przyjacielem rodziny, otrzymał w nocy przekaz za pośrednictwem *I Ching*. Przesłanie było jednoznaczne: „Postęp". Dziewczyna ta złożyła mu wizytę następnego dnia. Lekarz po zbadaniu nogi zalecił jej podjąć pewne ćwiczenia, które – jeśli je będzie wykonywać – doprowadzą do wyzdrowienia jej stopy.

## Dlaczego *I Ching*

• Podświadomość zazwyczaj udziela odpowiedzi w sposób symboliczny. Louise miała za sobą dwa wykłady na temat *I Ching*, a ponieważ wiedza na ten temat bardzo ją wciągnęła, jej podświadomość wiedziała, że posłucha ona przesłania płynącego z tego źródła. Ów lekarz bowiem bardzo dokładnie opowiedział jej swój sen.

## Malarka w podświadomości znajduje obrazy

• Ostatnio złożyłem wizytę pewnej malarce. Zasugerowałem jej, aby wprowadziła swój umysł w bardziej subiektywny i receptywny stan, zamykając po prostu oczy i wyciszając swoje myśli. Miała się zwrócić z prośbą do swej podświadomości o zaprezentowanie mentalnego obrazu – ze wszystkimi szczegółami i barwami. Kobieta ta zdaje sobie sprawę, że jej podświadomość reaguje na sugestie i że wizje są przywoływane zgodnie z jej wolą. Wszystko, co ma potem zrobić, to namalować na płótnie to, co widzi w swym umyśle. I tak odkryła w sobie kopalnię złota, a także sposób jego wydobycia.

## Wewnętrzny głos ocalił mu życie

• W czasie ostatniej wizyty w Honolulu rozmawiałem z moim starym przyjacielem, którego matka, rodowita wyspiarka, powiedziała mu, gdy był bardzo młody: „Każdego dnia proklamuj, że Boże słowo zawsze cię prowadzi". I on rzeczywiście codziennie afirmuje to przekonanie, zaś jego podświadomość odpowiednio reaguje.

Pewnej nocy, będąc blisko domu, bardzo wyraźnie usłyszał głos intuicji: „Nie wchodź do domu. Zadzwoń po policję". Tak też postąpił. Powiadamiając policję powiedział, że jego dom plądrują złodzieje (czuł to intuicyjnie). Policjanci przyjechali w ciągu kilku minut i ujęli dwóch uzbrojonych i bardzo niebezpiecznych włamywaczy. Natychmiast ich aresztowano. Jeden z policjantów powiedział później mojemu przyjacielowi, że wchodząc do domu zaskoczył włamywaczy. Gdyby nie to zaskoczenie, złoczyńcy na pewno użyliby broni, bo do tej pory tak właśnie postępowali.

Nasz świadomy umysł nie jest w stanie sprostać wszystkim naszym codziennym problemom. Zdolność rozumowania jest najszlachetniejszą cechą naszego rozumu, jest on jednak z natury skończony i związany przede wszystkim z trójwymiarową rzeczywistością. To nasz codzienny przewodnik po drogach obiektywnego, zewnętrznego świata. Natomiast nasza podświadomość stanowi jedność z nieskończoną Inteligencją i bezkresną Mądrością i nie jest skrępowana związkiem ze zmysłami, fizycznymi formami i wszelkimi ziemskimi uwarunkowaniami. Nie jest też uzależniona od procesów dedukcji. Twoja podświadomość czerpie wiedzę i odpowiedzi na twoje problemy bezpośrednio z wiecznego Źródła.

## ZAPAMIĘTAJ

1. Ludzie od zawsze fascynowali się snami. Praktycznie każdy wykształcony człowiek zna takie nazwiska, jak Freud, Adler czy Jung, którzy naukowo zajęli się interpretacją snów. Wiele snów ma charakter proroczy i dlatego nie możemy bagatelizować ich znaczenia.
2. Student traktuje sny jak swego rodzaju telewizję. Z ekranu tego umysłowego telewizora odczytuje pytania, które mu zostaną postawione na egzaminie.
3. Dziewczyna podróżująca po Europie odmawiała specjalną modlitwę o ochronę, wysyłając przed siebie Boskich posłańców: miłość, pokój i harmonię. Dzięki temu podświadomość uchroniła ją od fatalnego w skutkach wypadku.
4. Podświadomość może ci ukazać postać twojego duchowego przewodnika. W ten sposób działa instynkt samozachowawczy, który chroni cię od złego.

5. Każdy człowiek śni. Jeśli twierdzisz, że tobie nic się nie śni, to zaraz po przebudzeniu powinieneś proklamować: „Pamiętam", a wtedy przypomną ci się wszystkie ważne sny.
6. Jeżeli studiujesz Biblię lub *I Ching*, jest bardzo możliwe, że podświadomość poprzez nie udzieli odpowiedzi na twoje pytania. Wszystkie alegorie i symbole biblijne mają źródło w umysłach oświeconych ludzi, którzy posługiwali się swoimi nadnaturalnymi zdolnościami.
7. Wielka artystka uspokaja swój umysł i skupia swoją uwagę. W tym pasywnym i receptywnym stanie umysłu ogląda przepiękne obrazy, a następnie za pomocą pędzla przenosi je na płótno. Malarka ta traktuje swoją podświadomość jak kopalnię złota, z której z wdzięcznością wydobywa cenny kruszec.
8. Chłopiec z Honolulu słyszy słowa matki: „Każdego dnia proklamuj, że Boże słowo zawsze cię prowadzi". Ponieważ poważnie je potraktował, jego podświadomość bardzo wyraźnie przemówiła do niego głosem intuicji: „Nie wchodź do domu. Zadzwoń po policję". Posłuchał tego głosu i przekonał się, że gdyby postąpił inaczej, mógłby stracić życie. Mądrość twej podświadomości – gdy jej ufasz i wzywasz ją – nigdy cię nie zawiedzie.

ROZDZIAŁ 10.

# Postrzeganie pozazmysłowe i podświadomość

Podświadomość uzewnętrznia to, co jest w niej zawarte. Wiele dziwnych zdarzeń, projekcji i głosów to nic innego, jak tylko manifestacje zawartości naszej podświadomości. Zaś duchy, których się boimy, są jedynie jakimiś mrocznymi postaciami wyłaniającymi się z naszych umysłów.

## Podświadomość jest otwartą księgą

• Dla wrażliwej osoby z rozwiniętymi zdolnościami jasnowidzenia twoja podświadomość stanowi otwartą księgę. Prawdziwy jasnowidz jest w stanie ujawnić zarówno przeszłe, jak i przyszłe wydarzenia, które już są tam obecne. Sprawdza się to nawet w ponad dziewięćdziesięciu procentach. Natomiast inny jasnowidz może zawartość twej podświadomości zinterpretować w nieco inny sposób. Wiąże się to z tym, że każdy z nich odczytuje zawartość twojego umysłu poprzez filtr swojej psychiki i dlatego interpretacje dwóch jasnowidzów mogą być rozbieżne.

Różne doświadczenia, myśli i plany konkretnego człowieka mogą być także odczytywane za pośrednictwem talii kart, kryształowej kuli albo za pomocą innych narzędzi. Od niepamiętnych czasów człowiek przywiązuje większą wagę do pewnego rodzaju kart czy innych rekwizytów. Odkąd człowiek przypisał tym rzeczom pewne znaczenie, one w sposób symboliczny potwierdzają jego wierzenia. Poprzez częściowe wejście w subiektywny czy pasywny stan umysłu jest możliwe rozpoznanie zawartości podświadomości innej osoby. Karty czy jakieś znaki na piasku, jak również poruszające się obrazy w kryształowej kuli służą jako alfabet twojej podświadomości i poprzez jasnowidzącą osobę przemawiają w zrozumiałym dla ciebie języku.

## Można określić twój charakter

• Nieźle się zdziwisz, gdy astrolog, numerolog czy osoba posługująca się kartami precyzyjnie określi twój charakter. Zgodzisz się wtedy z tym opisem, przyznając w duchu, że jest bardzo adekwatny. Nie zapominaj jednak, że wszystko to, czego w życiu doświadczyłeś, o czym myślałeś, czego pragnąłeś i co ci wtłoczono w głowę, zostało zapisane i ucieleśnione w twojej podświadomości. Jeżeli jakaś osoba ma mocno rozwiniętą intuicję, zestraja się z twoją podświadomością i może ujawnić jej charakterystyczne cechy. Takiemu człowiekowi nie musisz nic mówić, wystarczy bowiem, że zestroi się on z twą podświadomością i już wszystko wie.

## Przestała się obawiać wypadku

• Odwiedziła mnie pewna młoda kobieta, całkowicie rozbita emocjonalnie, ponieważ lękała się przepowiedni chiromantki, zgodnie z którą w dniu dwudziestych pierwszych urodzin albo w okolicach tej daty miał się jej zdarzyć bardzo poważny wypadek. Niestety, dziewczyna zaakceptowała tę sugestię i bała się jeździć samochodem, pociągiem czy latać samolotem. Żyła w nieustannym lęku i tym lękiem wypełniła swoją podświadomość. Gdyby nie zmieniła tego nastawienia, przepowiednia bez wątpienia okazałaby się prawdziwą, bowiem dziewczyna nie wiedziała, w jaki sposób zneutralizować wspomnianą negatywną sugestię.

## Jej modlitwa w tej sytuacji

• „Gdziekolwiek się udaję – autobusem, samochodem, pociągiem, samolotem czy jakimkolwiek innym środkiem transportu – wiem i wierzę, że Boska miłość jest zawsze przede mną, czyniąc moją drogę radosną, pełną chwały i szczęścia. Wiem, że Nieskończona Inteligencja prowadzi mnie przez cały czas, ja zaś jestem osłonięta parasolem Boskiej odwiecznej miłości. Chroni mnie Boska zbroja, a wszystkie moje drogi są Bogu znane. Bóg czuwa nade mną na wszystkich mych drogach, sprawiając, że każda z nich prowadzi mnie do Niego".

## Sposób, w jaki wyzbyła się obaw

• Afirmowała te prawdy trzy razy dziennie wiedząc, że związane z nimi duchowe wibracje oczyszczą jej podświadomość z negatywnej sugestii, która przyprawiła ją o lęk. Dziewczyna ta ma teraz dwadzieścia trzy lata, a dzień dwudziestych pierwszych urodzin był najszczęśliwszym dniem w jej życiu. Wyszła za mąż za przyjaciela z dzieciństwa i są ze sobą bardzo szczęśliwi.

## Kształtowanie swego przeznaczenia

• Twoje myśli i uczucia określają twoje przeznaczenie. *I otrzymacie wszystko, o co na modlitwie z wiarą prosić będziecie* (Mt 21, 22). Wierzyć w coś znaczy uznawać to za prawdę. Co uznasz za prawdę na poziomie świadomego umysłu, tego doświadczysz na poziomie podświadomości. Twoja podświadomość ma dla twojego życia decydujące znaczenie. Możesz popatrzeć na swój umysł jak na górę lodową – dziewięćdziesiąt procent tej góry znajduje się pod powierzchnią wody. Podobnie i twoje życie jest w dziewięćdziesięciu procentach kontrolowane przez twoje podświadome założenia, przekonania i uwarunkowania. Twoje podświadome wierzenia zawiadują twoimi działaniami. Zacznij więc wierzyć, proklamować i czuć, że Bóg prowadzi cię na wszystkich drogach i że wskazuje ci kierunki rozwoju. Gdy zaakceptujesz te prawdy na poziomie świadomości, twoja podświadomość potraktuje to poważnie, a ty odkryjesz, że wszystkie twoje drogi są łagodne, a twoje ścieżki pełne harmonii i pokoju.

## Wznieś się ponad przeciętność

• Musisz zdać sobie sprawę z tego, że masz możliwość kontrolowania swojej podświadomości. Jeżeli nie zdecydujesz się określić dla niej kierunków działania zgodnie z uniwersalnymi zasadami i odwiecznymi prawami, ona będzie ulegać presji masowego umysłu, a to – jak wiesz – nie wróży niczego dobrego. Miliony ludzi wiodą nędzne życie, pełne wszelkiego rodzaju ograniczeń, ponieważ nie starają się odpowiednio ukierunkować swojej podświadomości. Zapomnieli o tym, żeby nasączyć ją myślami harmonii, pokoju, radości, obfitości, bezpieczeństwa i właściwego działania. Twoja podświadomość przez dwadzieścia cztery godziny na dobę przetwarza treści twych codziennych myśli. Zacznij więc ją programować właściwymi duchowymi treściami, a ona zrobi resztę. Gdy twój świadomy umysł całkowicie zaakceptuje twórcze idee i przekaże je podświadomości, ona – zgodnie z prawami, którymi się kieruje – doprowadzi te treści do urzeczywistnienia. Twoje myśli staną się twoim doświadczeniem.

## Spodziewaj się najlepszego

• Nikt nie ma możliwości sterować twoim życiem, jeśli twoje myślenie poddane jest pewnym zasadom. Boska Inteligencja wie, co i jak robić. Reaguje ona na twoje nawykowe myślenie i dlatego tak naprawdę tylko ty określasz swoją przyszłość. Jeżeli twoje myślenie ma charakter duchowy, szlachetny, zgodny z Boskimi wzorami, widzisz, ile szkody mogą wyrządzić błędne przekonania i wierzenia. Odkąd myślisz pozytywnie, proroctwo dla twojego życia jest jednoznaczne: harmonia, zdrowie, piękno i wszelkie błogosławieństwo. Ty sam jesteś kowalem swego losu i kapitanem swojej duszy.

Naucz się iść przez ten świat nieporuszony, niezmienny i niezachwiany w swoich przekonaniach, albowiem dobro, bogactwo, harmonia i Boska chwała są takie same wczoraj, dziś i zawsze.

## Indiański chłopiec powstrzymał krwotok

• Opowiem teraz o zdarzeniu sprzed jakichś czterdziestu lat. Poznałem wtedy indiańskiego chłopca, który nie potrafił czytać i pisać, ale posiadł zdolność powstrzymywania tętniczego krwotoku. Zamykał oczy i mówił po prostu: „Stop”. Gdy otwierał oczy, nie było już krwawienia.

Wierzył, że jego modlitwa zawsze jest wysłuchana, nawet gdy inni się z tego śmiali.

Jak mógł taki „niedouczony" chłopak posiadać tego rodzaju zdolności? Otóż już we wczesnym dzieciństwie ojciec mówił mu, że zdolność do powstrzymywania krwotoków była w jego rodzinie przekazywana dziedzicznie. Przejmował ją zawsze pierworodny syn, więc nikt więcej z rodzeństwa nie mógł się cieszyć tym darem.

Chłopak rósł w przekonaniu, że może powstrzymywać upływ krwi. Gdy więc widział krwotok, zamykał oczy i mówił: „Stop". I nigdy nie zastanawiał się nad tym, jak to się dzieje. Nie miał żadnego pojęcia o podświadomości czy też jej zdolnościach. Krwotok zaś ustawał dlatego, że ten chłopiec *wierzył*.

## Musiał być przy tym obecny

- W tym przypadku na uwagę zasługuje fakt, iż chłopak ten był przekonany, że musi widzieć krwotok, aby go mógł zahamować. Nie mógł tego zrobić na odległość. To przekonanie zostało wprowadzone w jego podświadomość w dzieciństwie, on zaś zaakceptował je jako część tradycji swojego plemienia i rodziny.

Biblia mówi: *Bo jak niebiosa górują nad ziemią, tak drogi moje – nad waszymi drogami i myśli moje* (odpowiedzi pochodzące z podświadomości – J.M.) – *nad myślami waszymi* (Iz 55, 9).

## ZAPAMIĘTAJ

1. Twoja podświadomość wyświetla na ekranie przestrzeni każdą treść, którą do niej wprowadzisz, niezależnie od tego, czy jest to coś dobrego, czy złego.
2. Gdy bardzo wrażliwa osoba – medium bądź jasnowidz – wejdzie w pasywny stan umysłu, nawiązuje łączność z twoją podświado-

mością i jest w stanie wyjawić wszystkie jej sekrety zarówno za pośrednictwem obrazów widzianych okiem jej umysłu, jak również poprzez intuicyjne odczucia. Bardzo często może ona twoje doświadczenia oglądać w swoim umyśle jak telewizyjną projekcję.

3. Astrolog, numerolog czy jasnowidz potrafi rozpoznać wszystkie twoje skłonności i poznać twoją osobowość. Oto dlaczego twój portret psychologiczny może sporządzić osoba, która nigdy nie słyszała o astrologii, numerologii czy innych tego typu rzeczach. Karty, astrologiczne przyrządy, kryształowe kule i inne rekwizyty są rodzajem alfabetu, za pośrednictwem którego komunikuje się z tobą podświadomość.
4. Możesz zneutralizować negatywne proroctwa dotyczące przyszłości poprzez kontemplację Boskich prawd i konstruktywne myślenie, zgodne z odwiecznymi prawdami. To, co niższe, zawsze podlega temu, co wyższe, i dlatego negatywne, lękotwórcze myśli mogą zostać wyparte przez myśli pozytywne, szlachetne, duchowe.
5. Gdy podróżujesz, możesz zyskać ochronę przed wszelkiego rodzaju wypadkami poprzez regularną kontemplację prawdy, że Boska miłość idzie przed tobą, czyniąc twoją drogę prostą, radosną i pełną chwały. Afirmuj nieustannie, że otacza cię Boska miłość i chroni cię Jego pancerz. Po chwili całkowicie wypełnisz swoją podświadomość tymi prawdami i odnajdziesz bezpieczeństwo.
6. Twoje myśli i uczucia określają twoje przeznaczenie. To, co uznasz za prawdziwe w swym świadomym umyśle, podświadomość powoła do życia. To jest klucz do zrozumienia, dlaczego ty sam kształtujesz swoją przyszłość.
7. Możesz wznieść się ponad poziom masowego umysłu, jeśli będziesz rozmyślał o wszystkim, co jest prawdziwe, szlachetne i miłe Bogu. Stajesz się tym, co kontemplujesz.
8. Boska Inteligencja w tobie wie, co, kiedy i jak uczynić. Gdy ją wezwiesz, uzyskasz odpowiedź. Rozważając te prawdy, możesz

ukształtować przyszłość w pełni zdrowia, harmonii, obfitości i bezpieczeństwa. Odkryjesz, że twoja przyszłość jest owocem twoich aktualnych myśli.

9. Indiański chłopiec wierzy, że zdolność powstrzymywania krwotoków jest w jego plemieniu i rodzinie przekazywana z ojca na syna. Chłopiec postępuje zgodnie z tym przekonaniem i powstrzymuje wypływającą krew. Prawo życia jest prawem wiary.

ROZDZIAŁ 11.

# Dynamika jasnowidzenia

Biblia mówi: *Na początku było Słowo, a Słowo było u Boga, i Bogiem było Słowo* (J 1, 1). Twoje słowo wyraża myśl, a Biblia przypomina, że *Słowo* było Bogiem, co oznacza, że twoja myśl ma stwórcze możliwości. Istnieje bowiem tylko jedna Kreatywna Moc – Duch, a życiem Ducha jest myśl.

Powinieneś się do swej myśli odnosić ze stosownym respektem, bowiem stopień twojego szczęścia, pokoju, powodzenia w interesach i sukcesu w jakiejkolwiek dziedzinie życia jest określony poprzez nawykowe myślenie. Podświadomość nieustannie przetwarza świadome myśli i wyobrażenia. Myśli są rzeczami, zaś twoja myśl ma swoje własne sposoby ekspresji. Myśląc, uwalniasz działanie stwórczej mocy Boga (Nieskończonej Inteligencji). Emerson powiedział: „Człowiek jest tym, o czym przez cały dzień myśli".

## Udowodnił, jak potężna jest myśl

• Dr Arthur Thomas, pastor Religious Science w Reno w stanie Nevada udzielił mi zgody na opisanie tego faktu. Swego czasu był porucznikiem w Marynarce Brytyjskiej, a później hurtowym sprzedawcą w Los Angeles. Jakieś osiem lat temu zaczął uczęszczać na moje niedzielne wykłady. Kiedyś po jednym z nich powiedział: „Zrozumiałem nagle, że moja myśl jest jedyną kreatywną mocą, której jestem świadom, i że mogę stworzyć to, co rzeczywiście chcę".

W konsekwencji tego odkrycia zaczął często afirmować: „Jestem pastorem. Nauczam ludzi prawd życia". Każdego wieczoru wyobrażał sobie, jak oczekuje go parafialna wspólnota. Po jakimś miesiącu myślenia w ten sposób postanowił przejść przygotowanie teologiczne w przekonaniu, że stanie się tak, jak myślał i czuł.

Bez problemu zaliczył wszystkie egzaminy i po skończeniu nauki zaproponowano mu posługę w jednym z kościołów. Teraz robi dokładnie to, co mentalnie wykreował. Wiedział, że jego podświadomość odpowie na te myśli z matematyczną dokładnością.

## Najpotężniejsza moc we wszechświecie

• Myśl jest największą mocą we wszechświecie. Twoje słowo wyraża myśl. Jeśli zajmujesz jakieś strategiczne stanowisko, myśl lub słowo może sprawić, że zostanie użyta broń nuklearna albo inny jej rodzaj. Myśl określa również, w jaki sposób ma być wykorzystana energia elektryczna. Myśl rządzi całym twoim życiem. Twój umysł można porównać do góry lodowej, której dziewięćdziesiąt procent znajduje się pod powierzchnią wody. To właśnie podświadomość, która wykonuje pracę „zleconą" przez świadomy umysł. To, o czym myślisz, powołujesz do istnienia za pośrednictwem podświadomości.

## Odkryła cuda właściwego myślenia

• Dr Elsie McCoy mieszkająca w Beverly Hills pozwoliła, abym na jej przykładzie pokazał, co można osiągnąć dzięki konstruktywnemu myśleniu. W młodości studiowała w Europie i Azji, będąc wtedy zaręczoną z uznanym chirurgiem. Dzieliło ich ponad tysiąc mil, ponieważ każde z nich miało do wykonania inne zadanie.

W wieku osiemnastu lat zrobiła postanowienie, że będzie codziennie afirmować w taki oto sposób: „W moim życiu jest miejsce tylko na właściwe, Boskie działanie i wszystko, co pragnę wiedzieć, objawia mi stale Nieskończona Inteligencja mieszkająca we mnie". Stopniowe powtarzanie tych prawd sprawiło, że wniknęły one głęboko w jej podświadomość, która odpowiednio zareagowała. Pewnej nocy usłyszała we śnie, jak jej narzeczony umawia się na randkę z pielęgniarką: „Jestem wprawdzie zaręczony, ale ona jest ponad tysiąc mil stąd i o niczym się nie dowie".

Dr McCoy zadzwoniła do narzeczonego następnego dnia i opowiedziała mu swój głupi – jak go nazwała – sen, szczerze się ze wszystkiego śmiejąc. Tymczasem narzeczony na serio się rozgniewał, oskarżając ją o to, że zatrudniła detektywów, aby go śledzili. W taki to sposób poznała prawdę o nim, a wydarzenia, które potem nastąpiły, ukazały mądrość jej podświadomości, która uchroniła ją przed bez wątpienia nieszczęśliwym małżeństwem. Właściwe myślenie pobudziło podświadomość, aby ujawniła jej to, co powinna wiedzieć, zanim wyjdzie za mąż.

## Podświadomość innej osoby ujawnia prawdę

• Dr Olive Gaze, moja współpracowniczka, pozwoliła mi napisać, w jak niezwykły sposób podświadomość jej matki, Josephine Wyndham, odpowiedziała na pytania postawione jej przez wybitnego aktora, Normana Trevora. Dr Gaze wyznała, że miała z tym pewien problem i zapytała matkę, czy mogłaby jej jakoś pomóc. Josephine Wyndham była kobietą o bardzo rozwiniętej intuicji.

Zaczęła więc spokojnie i z zaangażowaniem proklamować przez kilka minut: „Poprawna odpowiedź". Nagle jej podświadomość wzięła w posiadanie prawą rękę, w wyniku czego Josephine Wyndham zaczęła pisać, zapełniając w ten sposób całe dwie strony. Kiedy spojrzała na to, co napisała, nie była w stanie zrozumieć ani słowa (nie udało się to również obecnej dr Olive Gaze).

Oddała więc te zapiski Normanowi Trevorowi, który z ich odczytaniem nie miał najmniejszych trudności. Okazało się, że był to język hindustani, doskonale mu znany, ponieważ mieszkał w Indiach przez wiele lat. Na tych dwóch stronach została przedstawiona wyczerpująca odpowiedź na nurtujący go problem. Wszyscy byli zdumieni cudami, które są owocem właściwego myślenia i działania podświadomości.

Moje wyjaśnienie tego zdarzenia jest takie: Josephine Wyndham, będąc osobą o wyjątkowej intuicji, weszła w receptywny stan umysłu, w którym występują akty jasnowidzenia. W tym stanie nawiązała kontakt z podświadomością Normana Trevora, poznając całą jej zawartość, włącznie ze znajomością języka hindustani. Następnie podświadomość posłużyła się jej ręką w taki sposób, aby nie budzić wątpliwości zainteresowanych, że tej wiedzy, którą im Josephine Wyndham udostępniła, dotychczas nie posiadała.

## Uaktywniła swoją podświadomość

• Pani Louise Barrows powiedziała mi, iż w wigilię Nowego Roku (1970) w swoją podświadomość wpisała prośbę, że chciałaby w czasie letnich wakacji udać się ze swoimi nastoletnimi synami w podróż do Europy. Życzenie zapisała w następujący sposób: „Wraz z moimi synami chcielibyśmy odwiedzić Europę w lipcu tego roku, zgodnie z Boską wolą. Wierzę głęboko, że moja podświadomość urzeczywistni ten plan".

W lutym 1970 roku jeden z bliskich krewnych zapytał ją, czy chciałaby wraz synami spędzić urlop w kilku krajach Europy, a ona... nie miała nic przeciwko temu. Cały koszt ich pobytu w Europie pokrył wspomniany krewny. Jej podświadomość wiedziała, w jaki sposób urzeczywistnić ten plan i wpłynęła na umysł bogatego krewnego, skłaniając go do złożenia takiej propozycji. Innymi słowy, był on instrumentem, którym się posłużono w urzeczywistnieniu tego celu. Jej duchowe myślenie sprawiło, że podświadomość zadziałała w ten właśnie sposób.

## Odpowiednie myślenie pomogło jej schudnąć

• Pewna młoda kobieta napisała do mnie z Wichita w stanie Kansas informując, że przeczytała *Potęgę podświadomości* i zdecydowała się pójść za sugestią swojego lekarza i schudnąć dwadzieścia kilo. Dodała, że ma za sobą przeżycia związane z różnymi rodzajami diet. Jak stwierdziła, chudła tylko po to, żeby wkrótce odzyskać każdy stracony kilogram. Tymczasem idąc za sugestią zaproponowaną w mojej książce, zaczęła bezpośrednio przed snem przekazywać właściwe polecenie swej podświadomości. Myślała w ten sposób: „Ważę sześćdziesiąt kilogramów. Nieskończona Inteligencja mojej podświadomości akceptuje tę prośbę i odpowiednio działa. Zasypiam spokojnie poddana temu procesowi".

Po tygodniu zauważyła, że straciła chęć na spożywanie pokarmów zawierających tuczące substancje, które wcześniej tak lubiła i nie ma problemów ze zrzucaniem nadwagi. Do tej pory narzucała sobie ostre diety, równocześnie nie żałując sobie różnych smakołyków.

Trzeba pamiętać, że stwierdzenie każdego człowieka, który mówi: „Nie mogę pozbyć się nadwagi", brzmi naprawdę: „Nie chcę stracić nadwagi". Wszystko, czego masz dokonać, to podjąć właściwą decyzję na poziomie świadomości, a podświadomość dokończy dzieła. Odkryjesz, że stracisz wszelką ochotę na spożywanie żywności, która przyczynia się do otyłości.

## Władza myśli nad ciałem

• Zapewne miałeś możliwość zauważyć, w jaki sposób lęk wpływa na twój puls, bicie serca i tak dalej. Wstyd wywołuje rumieńce na policzkach, zaś złość sprawia, że skóra blednie. Wielu młodych ludzi siwieje na skutek wstrząsających doświadczeń. Wiadomości o nagłej śmierci naszych bliskich mogą sprawić, że staniemy się jakby ślepi czy głusi. Zmartwienia wpływają na nasze trawienie i mogą doprowadzić do wrzodów na dwunastnicy i innych chorobowych powikłań. Codzienne doniesienia medycznej i niemedycznej prasy przypominają nam o tym, jak wielkie spustoszenie w naszych ciałach przynosi nienawiść, zazdrość i inne negatywne uczucia.

## Mądrze używaj kreatywnej mocy

• Świadomość jest jedyną kreatywną mocą w twoim życiu. Świadomość jest wszystkim tym, co myślisz, czujesz, w co wierzysz i na czym skupiasz swoją uwagę. Jest ona przyczyną wszystkich twoich doświadczeń i wydarzeń, w jakich bierzesz udział. Nie myśl, że zewnętrzny świat jest przyczyną tego, co się w twoim życiu dzieje – nie jest on przyczyną, lecz skutkiem.

Nie oddawaj mocy nad sobą zewnętrznym czynnikom, takim jak wiatry, fale, pogoda, słońce, śnieg, gwiazdy czy jakiekolwiek inne stworzone rzeczy. Świadomy człowiek nigdy nie myli skutku z przyczyną, dlatego nigdy nie dopuści do tego, aby zahipnotyzował go świat ze swymi wierzeniami. Stwórca jest większy od tego, co stworzył; myśliciel jest większy od swoich myśli; a artysta od swojego dzieła. Niech twoje myśli będą związane z dobrem, a w twoim życiu będzie się działo dobro; niech zwiążą się ze złem, a spotka cię zło.

## Prawdziwe myślenie

• W trakcie wykładu, który miałem wiele lat temu w Las Vegas, pewien mężczyzna zadał mi pytanie: „Czym jest myśl i samo myślenie?". Wyjaśniłem mu, że myślenie to porównywanie jednej rzeczy z drugą (i trzecią). Jeżeli umysł mógłby mówić tylko „tak", porównywanie nie byłoby możliwe. Wybierając między dwiema rzeczami, jednej mówisz „tak", drugiej mówisz „nie". Gdy pytasz „dlaczego", to znaczy, że szukasz uzasadnienia. Wszelkie uzasadnianie zakłada wybór tego, a odrzucanie tamtego. I byłoby niemożliwe wybierać czy odrzucać, gdyby twój umysł nie miał zdolności zarówno afirmacji, jak i negacji.

Większość ludzi tak naprawdę nie myśli. Myślimy bowiem wtedy, gdy nasz umysł jest złączony z odwiecznymi Boskimi prawdami, gdy odrzucamy wszelki lęk i kontemplujemy rzeczywistość naszych pragnień w przekonaniu, że istnieje Wszechmoc, która weźmie pod uwagę nasze myśli i doprowadzi je do spełnienia. Myślisz naprawdę wtedy, gdy odrzucasz negatywne idee, ponieważ nie pasują one do Boskiego domu. Myślisz wtedy, gdy zdajesz się na Boskie rozwiązanie i pamiętasz, że subiektywna mądrość odpowiada na twoją kreatywną myśl, gdy jesteś wolny od lęku.

Wydaje się, że taka odpowiedź go usatysfakcjonowała, ponieważ powiedział: „Do tej pory nie wiedziałem, co to jest myślenie". Człowiek jest umysłem, a umysł właśnie – a nie coś innego – jest przyczyną zarówno radości, jak i chorób.

## ZAPAMIĘTAJ

1. Twoja myśl jest kreatywna. Kiedy myślisz, uwalniasz ukryte w sobie moce. Każda myśl dąży do tego, aby się urzeczywistnić.
2. W twojej myśli ukryta jest najpotężniejsza moc na świecie. Słowo jest wyrażoną myślą. Dlatego człowiek może określić, w jaki sposób ma być użyta energia atomowa czy elektryczna. Człowiek musi zadecydować, w jaki sposób użyć dostępnych mu mocy.

3. Gdy afirmujesz: „Wszystko, co powinienem wiedzieć, jest mi stale objawiane", twój jasnowidzący umysł chroni cię przed popełnieniem błędów. Młoda lekarka, która nasączyła swoją podświadomość tymi prawdami, widziała we śnie, jak jej narzeczony wchodził w relację z inną kobietą. Zerwała więc zaręczyny, mając świadomość, że została uchroniona przed tragiczną w skutkach pomyłką.
4. Matka dwóch nastolatków w wigilię Nowego Roku zapisała przekonanie, że nadnaturalna inteligencja objawi jej sposób spędzenia wakacji w Europie. Bogaty krewny pokrył cały koszt ich pobytu na starym kontynencie.
5. Świat twoich myśli przenikniętych lękiem, zmartwieniami, niepewnością i złością ujawnia twarz, oczy, puls, ciśnienie krwi czy też barwa skóry. Za dolegliwościami stoi obawa, nienawiść i zazdrość. To te uczucia są ich przyczyną. Twoja myśl ma stwórcze możliwości.
6. Świadomość jest jedyną kreatywną mocą. Świadomość jest wszystkim tym, co myślisz, czujesz, w co wierzysz i na czym skupiasz swą uwagę. Jeśli myśli są związane z dobrem, twoje życie zostanie nim wypełnione.
7. Myśleć znaczy porównywać. Innymi słowy, znaczy to cenić jedną rzecz bardziej od drugiej. Twój intelekt reaguje na wszystko, mówiąc „tak" lub „nie". Umysł posiada moc afirmacji lub negacji. Myślisz naprawdę, gdy twoje myśli są zgodne z odwiecznymi prawdami. Emerson powiedział: „Jesteś tym, o czym przez cały dzień myślisz".

ROZDZIAŁ 12.

# Pozazmysłowe postrzeganie w rozwiązywaniu problemów

Pewna kobieta – nazwijmy ją Panią Jones – stawiła się przed sędzią, który miał wydać wyrok w jej sprawie. Była bardzo zdenerwowana, zmartwiona, a może nawet zrozpaczona. Jej pasierbice bowiem kwestionowały testament ojca dotyczący części majątku (pięćdziesiąt procent), którą jej przepisał. Sędzia też nie wzbudził w niej zaufania.

Za moją radą posłużyła się taką oto techniką modlitewną: „Wiem, że Nieskończona Inteligencja prowadzi mojego obrońcę, sędziego i wszystkie osoby związane z tą sprawą. Wierzę, że Bóg wszystko dobrze poprowadzi i że otrzymam to, co mi się należy zgodnie z Jego wolą". Wiedziała, że poprzez praktykowanie tych prawd uaktywni zasady prawdy ukryte w nadnaturalnej sferze jej umysłu.

## Jej technika wizualizacji

• Powiedziała do siebie: „Architekt wizualizuje wieżowiec. Widzi go takim, jakim chce, żeby był. Obraz ukształtowany w jego umyśle staje się wzorem, zgodnie z którym zostanie ostatecznie wzniesiony budynek". Analogicznie afirmowała: „Sędzia jest całkiem uczciwy. Myśli, mówi i działa zgodnie z prawem, a jego decyzja jest oparta na Boskim przewodnictwie. Wyobrażała sobie, jak sędzia obwieszcza swój werdykt: „Podjąłem decyzję, która jest w pełni zgodna z zapisem w testamencie pozostawionym przez zmarłego".

Nieustannie odtwarzała w wyobraźni ten film, słuchając, jak sędzia wypowiada te słowa, i w ten sposób jej podświadomość wypełniły prawdy, które z takim zaangażowaniem afirmowała. Niewątpliwie ta sama prawda została wskrzeszona w podświadomym umyśle sędziego, który wydał dokładnie taką decyzję, jakiej oczekiwała, i która była zgodna z ostatnią wolą jej męża. W wyniku jej właściwego działania negatywne uczucia, jakie żywiły wobec niej pasierbice, również uległy rozproszeniu. Ty także możesz w podobny sposób rozwiązywać swoje problemy.

## Pozazmysłowe postrzeganie uwolniło go od uczucia zazdrości

• Pewien sprzedawca wyznał mi, że nie jest pewny swojej żony Marii, gdy przebywa daleko od domu. Była ona niezwykle atrakcyjną i młodą kobietą. W czasie częstych podróży do różnych miast w swoim handlowym rejonie żył w nieustannym lęku, że może go zdradzić z pewnym młodym mężczyzną z sąsiedztwa. Dzwonił więc do niej kilka razy dziennie, co jej bardzo przeszkadzało, ponieważ znała powód tych częstych telefonów. Wyjaśniłem mu więc, że tak przeżywane uczucie zazdrości jest wyrazem niepewności i niedowartościowania z jego strony.

## Technika, którą się posłużył

• Kiedy więc wyjeżdżał, dwa lub trzy razy dziennie całkowicie się wyciszał, relaksując swoje ciało. Następnie wyobrażał sobie Marię i afirmował: „Łączy nas Boska miłość" oraz: „Tak bardzo cię kocham". Powtarzał: „Kocham cię – jesteś jedyna". W wyobraźni słyszał również jej słowa zapewniające go o miłości. Kiedy więc nawiedzały go stare myśli i pokusa sprawdzenia, co się dzieje z żoną, afirmował spokojnie: „Łączy nas Boska miłość. Kocham ją i ona mnie też kocha".

Odczuwał realność tych słów w swoim sercu i gdy jechał, mógł słyszeć dobrze mu znany głos Marii – „Kocham cię" – który dźwięczał w jego uszach. Po jakimś tygodniu praktykowania tego rodzaju afirmacji odkrył, że miłość rzeczywiście wyzwoliła go z uczucia zazdrości.

## Tom miał senne koszmary...

• Pewien mężczyzna – nazwijmy go Tom – skarżył się na senne koszmary, których doświadczał od ponad tygodnia. Chciał wiedzieć, jak mógłby je przezwyciężyć. Raz jakaś dzika bestia rozrywała go na strzępy, innym razem napadali go bandyci i pozostawiali bez życia.

Wyjaśniłem mu, że nocne koszmary są bez wątpienia owocem jego poczucia winy i ujawniają się symbolicznie jako dzikie bestie, które go atakują i rozszarpują swoimi szponami. Przyznał, że obrazy rozszarpywania przez dzikie zwierzęta i nękania przez złoczyńców mogły być wynikiem jego agresji i nienawiści skierowanej do kobiety, w której był zakochany, a która porzuciła go dla innego mężczyzny.

## ...KTÓRE PRZEZWYCIĘŻYŁ

• Za moją radą zdecydował się każdego wieczoru, leżąc na wznak, wizualizować swoją byłą dziewczynę i jej męża, jak promieniują szczęściem, radością i wolnością. Świadomie wysyłał w ich kierunku myśli miłości, harmonii, pokoju i dobrej woli, powtarzając głośno: „Te Boskie wibracje wypływają ode mnie i oddziałują na serca ich obojga. Podświadomość nie liczy się ani z czasem, ani przestrzenią, a ja zdaję sobie sprawę, że to, co rzeczywiście czuję, i to, co emituję w ich kierunku, wnika głęboko w ich serca. Zasypiam spokojnie, gdyż Bóg daje mi radość i szczęście, a Jego miłość wypełnia moją duszę".

Każdorazowo praktykował tę technikę przez około dziesięć minut i rzeczywiście zasypiał w pokoju. Od tego czasu ustąpiły jego problemy. Jego podświadomość była kontrolowana przez świadomy umysł. Wypełniając swoją podświadomość życiodajnymi wzorcami, wyparł wzorce negatywne. Miłość usuwa lęk.

## NIE LEKCEWAŻ SWOICH SNÓW

• Wszyscy śnimy, choć wiele osób – zazwyczaj tych szczęśliwych i wolnych – nie uświadamia sobie tego. Wielu chciałoby zignorować swoje sny, ponieważ są one odzwierciedleniem stanów podświadomości, którym starają się zaprzeczyć. W czasie snu podświadomość wyciąga na wierzch i dramatyzuje swoją zawartość. Daje w ten sposób do zrozumienia świadomemu umysłowi, aby przestał ją zatruwać mentalnymi truciznami.

Prawdą jest również to, że sny pomagają nam rozładować nadmiar napięcia i niepokoju. To się dzieje niezależnie od tego, czy pamiętamy nasze sny, czy nie. Podświadomość w swej mądrości przetwarza w czasie snu tłumione emocje. Wypełnij więc świadomość Boskimi prawdami i powtarzaj je tuż przed snem, a ponieważ twój podświadomy umysł podlega świadomemu, będziesz spał spokojnie i obudzisz się w pogodnym nastroju.

## Ich relacja uległa poprawie...

• Młoda kobieta – nazwijmy ją Anną – pracowała w charakterze superwizora w pewnym biurze, nadzorując pracę dwudziestu dziewcząt. Jedna z nich – powiedzmy Lucy – była do niej nastawiona bardzo złowrogo i gdy miała okazję, utrudniała jej życie. Co więcej, oskarżyła Annę o dyskryminację, a konkretnie o blokowanie awansu i celowe ignorowanie jej osoby. Anna nie zamierzała jej zwolnić, ponieważ dziewczyna, choć była trudna do zniesienia, dobrze wykonywała swą pracę.

## ...bo Anna znalazła na to sposób

• Za moją radą pewnego ranka Anna usiadła w biurze, uspokoiła swój umysł i przeczytała Psalm 91, afirmując z przekonaniem: „Wypełnia mnie Boska miłość. Całe me jestestwo przenika Jego pokój. Z całego serca przebaczam Lucy. Duch we mnie pozdrawia Ducha w niej i między nami znów jest harmonia, miłość i zrozumienie. Kiedykolwiek widzę Lucy czy też gdy ona mówi do mnie, osłaniam ją parasolem światła i miłości".

Anna odwoływała się do tej techniki przez jakieś cztery dni, po czym Lucy przeprosiła ją za sposób, w jaki się do niej odnosiła, i zadeklarowała jak najlepszą współpracę w przyszłości. Błogosławieństwa i modlitwy Anny spłynęły na duszę Lucy i w ten sposób obie panie stały się wielkimi przyjaciółkami. Wszystko to, co Anna „emitowała" w kierunku Lucy, powróciło do niej. Jeśli promieniujesz na innych życzliwością, życzliwość powraca do ciebie. Akcja wyzwala reakcję.

## Pozazmysłowe postrzeganie w poszukiwaniu ojca

• Kilka tygodni temu byłem w Ulu Maui na Hawajach. Napatrzyłem się tam nie tylko na tańce *hula*, ale też mogłem być świadkiem odprawiania wielu tradycyjnych rytuałów. W miejscowości tej można obejrzeć niejedną wystawę poświęconą materialnej kulturze wysp Mórz Południowych. Mówi się przecież: „Nie widziałeś Hawajów, dopóki nie widziałeś Ulu Maui". Zjadłem tam uroczysty lunch z owoców Mórz Południowych. Młodej kobiecie siedzącej przy stoliku obok wspomniałem, że piszę książkę o postrzeganiu pozazmysłowym i że na Hawajach szukam do niej materiałów. Wszak są to wyspy pełne tajemnic i sekretów przechowywanych przez kahunów (miejscowych szamanów).

„Może pan opisać moją historię – ona na to. – Jest bardzo żywa i prawdziwa". Postaram się dotknąć sedna jej doświadczenia. Otóż, gdy ona miała zaledwie dwa lata, ojciec opuścił jej matkę. Wydaje się, że często się kłócili. Ojciec zostawił dwadzieścia pięć tysięcy dolarów na opiekę i edukację dziecka. Lecz gdy ono dorosło i ukończyło miejscowy uniwersytet, gdzie studiowało psychologię, postanowiło użyć mocy swojego umysłu do odnalezienia ojca.

## Poszukiwania w astralnym ciele

• Kobieta ta stwierdziła: „Wiem, że posiadam subtelne ciało, które nazywa się czasami ciałem astralnym, ponieważ często opuszczałam moje ciało fizyczne i bywałam w różnych miejscach". Dodała, że jej ciało astralne pokrywało się dokładnie z ciałem fizycznym.

Pewnego razu tuż przed snem poinstruowała swoją podświadomość tymi oto słowy: „Wiesz, gdzie znajduje się mój ojciec. Wiem, że możesz sprawić, abym mu się ukazała bez względu na to, czy śpi, czy nie i gdziekolwiek się znajduje. Twoja inteligencja odnajdzie go teraz, ponieważ jesteś moim wewnętrznym radarem. Z moim ojcem łączą mnie więzy miłości. On pragnie spotkać się ze mną, a ja pragnę spotkać się z nim. To jest moje polecenie dla ciebie, a teraz idę spać w pokoju". Te słowa to esencja jej instrukcji dla podświadomości.

„Natychmiast po zaśnięciu – kontynuowała – znalazłam się w pokoju hotelowym w Sydney. Miałam dokładnie takie samo ciało jak to, które pozostało w łóżku w Honolulu, i wtedy zobaczyłam mojego ojca przygotowującego się do wyjścia do pracy. Wydawał się zaskoczony, a nawet wystraszony, więc powiedziałam do niego: 'Tato, to ja, Lisa (to nie jest jej prawdziwe imię), twoja córka. Kocham cię. Wróć do nas'. Mój ojciec zaniemówił. Pamiętam tylko, że powiedział: 'Wrócę'. Zaraz potem znalazłam się w moim fizycznym ciele w łóżku w Honolulu".

## Przebieg jej astralnej podróży

• Lisa doskonale pamięta to, co się wydarzyło, gdy spała. Gdy się rano obudziła, powiedziała matce, gdzie mieszka ojciec. Napisała do niego, a w liście opowiedziała mu o swej astralnej wizycie. Wkrótce otrzymała od niego odpowiedź. Ojciec wyjaśniał, że miał widzenie pięknej młodej kobiety, która ukazała się w jego sypialni mówiąc, że jest jego córką. Oznajmił jej również, że wraca do Honolulu. Z wielką radością spotkali się po latach - wszyscy byli bardzo szczęśliwi.

## Jak funkcjonowała poza ciałem

• Bezpośrednio przed snem Lisa proklamowała, że podświadomość zaprowadzi ją do ojca. W wyniku tego podświadomość przeniosła osobowość Lisy w jej astralnym ciele do Australii. To się zdarzyło prawie natychmiast. Gdy spojrzała na zegarek, przekonała się, że wszystko nie trwało dłużej niż pięć minut. Była w pełni świadoma, doskonale wiedziała, jaki to hotel, znała jego adres, pamiętała układ mebli w pokoju ojca, mogła się z nim kontaktować i poruszać przedmioty. Mogła wszystko słyszeć i wszystkiego dotknąć.

Udowodniła w ten sposób samej sobie, że była tam jako duchowo-fizyczna istota, zdolna do życia, działania i podróżowania niezależnie od jej fizycznego organizmu. W swojej niekończącej się podróży nigdy nie rozstaniesz się ze swym ciałem.

## Przybył z Kalkuty, by ratować córkę

• W Honolulu, gdzie piszę ten rozdział, odbyłem bardzo interesującą rozmowę z pewnym przyjacielem, którego poznałem kiedyś w Indiach.

Harry – tak go nazwijmy – przez wiele lat praktykował astralne podróże. Jego córka studiująca w Honolulu bardzo ciężko zachorowała. Była już właściwie umierająca, o czym powiadomiono go w telegramie. Po jego odczytaniu usiadł w pozycji lotosu, zamykając oczy i wchodząc w spokojny, receptywny stan umysłu. Wizualizował, jak jego astralne ciało wychodzi z niego przez głowę i z głębokim przekonaniem zadekretował: „Chcę się natychmiast ukazać mojej córce i pomóc jej". Wyraził to przekonanie kilka razy, a następnie zapadł w głęboki sen.

Jak tylko zasnął, znalazł się obok córki. Spała, ale zaraz się obudziła bardzo podekscytowana: „Tato – zapytała – dlaczego mi nie powiedziałeś, że przyjeżdżasz? Pomóż mi". Położył na niej swoje ręce, wypowiadając pewne religijne formuły i zakomunikował jej: „Wyzdrowiejesz w ciągu kilku godzin i wszystko będzie dobrze".

Ale ona wyzdrowiała natychmiast. Ojciec zaraz zniknął, a ona zawołała do dyżurującej pielęgniarki: „Jestem uzdrowiona! Czuję się bardzo dobrze! Mój ojciec był tutaj i uzdrowił mnie!". Pielęgniarka uznała, że dziewczyna majaczy, ale obecny tam lekarz potwierdził jej przekonanie, że jest w pełni zdrowa. A gdy ojciec wrócił z Indii, oboje szczerze się z tego śmiali.

## Nie dała się przekonać

• Wspomniana pielęgniarka była zakłopotana i zapytała dziewczynę: „W jaki sposób twój ojciec lub ktokolwiek inny mógł wejść na oddział przez zamknięte drzwi? Nie widziałam, żeby ktokolwiek wchodził do pokoju". Dziewczyna jej wyjaśniła: „Mój ojciec odwiedził mnie w swym astralnym ciele, położył na mnie ręce i modlił się za mnie". Na to pielęgniarka: „Nie wierzę w duchy, zjawy czy inne tego typu zjawiska". Słysząc te słowa dziewczyna zrozumiała, że dalsze tłumaczenie nie ma sensu.

Harry wyjaśnił mi, że przez cały czas był doskonale wszystkiego świadomy. Odkrył, że pokonując odległość pomiędzy Kalkutą i Honolulu, jak również różnicę czasową, zaledwie na dziesięć minut opuścił swe fizyczne ciało. Harry jest lekarzem i głęboko wierzy w duchowe uzdrawianie. Zna też bardzo dobrze wiele służących temu technik. Wie, że jego obecność pomogła córce pogłębić wiarę i odwagę, i że to doświadczenie wypełniło jej podświadomość nową treścią, ponieważ doświadczyła uzdrowienia na miarę jego i swej wiary. Biblia mówi: *Wszystko możliwe jest dla tego, kto wierzy* (Mk 9, 23).

## ZAPAMIĘTAJ

1. Jeśli masz jakąś trudną sprawę w sądzie, wiedz, że Nieskończona Inteligencja prowadzi twojego obrońcę, sędziego i wszystkich w nią zaangażowanych. Bądź przekonany, że zwycięży Boskie prawo i wyrok będzie sprawiedliwy.
2. Sprzedawca, który doświadczał niezdrowego uczucia zazdrości, wskutek czego kilkakrotnie w ciągu dnia kontrolował swoją żonę, odnalazł wewnętrzną równowagę dzięki częstym momentom milczenia. Postępując w ten sposób, wymazał ze swej podświadomości niepewność będącą owocem jego niskiej samooceny.
3. Nocne koszmary są przeważnie wynikiem poczucia winy, a także nienawiści i różnych resentymentów. Możesz kontrolować swoją podświadomość, a wszystko, co powinieneś w tym celu zrobić, to przebaczyć sobie, jak również innym, i napełniać swoją podświadomość bezpośrednio przed snem pozytywnymi wzorcami oraz treściami miłości i harmonii. Zaśniesz wtedy spokojnie i obudzisz się w dobrym nastroju.
4. Każdy człowiek śni. Twoje sny są udramatyzowaną formą zawartości podświadomości – coś podobnego do filmu oglądanego w telewizji. W snach ujawniają się również twoje napięcia i lęki. Każdego wieczoru napełniaj podświadomość Boskimi prawdami. Nie będzie w niej wtedy miejsca dla negatywnych treści.

5. Kiedy masz problemy ze współpracownikiem, który jest trudny, a może nawet cię nienawidzi, pierwszą reakcją z twojej strony powinno być uspokojenie umysłu i śmiała afirmacja: „Strumień Boskiej miłości przepływa przeze mnie i wypełnia całe me jestestwo. Duch we mnie pozdrawia Ducha w... i pomiędzy nami jest zrozumienie, miłość i pokój". Kiedykolwiek spotykasz się lub rozmawiasz z tą osobą, afirmuj w duchu: „Osłaniam cię parasolem światła i Boskiej miłości".
6. Dziewczyna z pomocą pozazmysłowego postrzegania pragnęła odnaleźć swego ojca. Podświadomość zareagowała na to życzenie i zaprojektowała jej astralne ciało w pokoju hotelowym w Australii. Dzięki temu mogła przedstawić się ojcu, porozmawiać z nim i poprosić, aby powrócił na Hawaje. Zdziwił się tą wizytą, ale szybko zrozumiał, że to jego córka. Ostatecznie powrócił do żony i córki, sprawiając tym radość im i sobie.
7. Ty również posiadasz subtelne ciało. Niektórzy nazywają je ciałem astralnym. Jest ono dokładną kopią twego ciała fizycznego, działa jednak na wyższych częstotliwościach i może przenikać przez zamknięte drzwi, lekceważąc ograniczenia czasowo-przestrzenne.
8. Wiele osób staje się adeptami pozacielesnych podróży. W czasie tych podróży posługują się oni wszystkimi swoimi zdolnościami i mogą widzieć, słyszeć i czuć, a także rozmawiać z innymi ludźmi, a potem opisać wszystko, czego doświadczyli. Mogą także poruszać przedmiotami.
9. Mężczyzna mieszkający w Indiach dowiedziawszy się, że jego córka jest ciężko chora, uspokaja swój umysł i wydaje podświadomości polecenie, aby przeniosła go do Honolulu. Kładzie ręce na córce i modli się, a ona doznaje uzdrowienia. Działa w widzialnej postaci i bez trudu wchodzi do pokoju córki przez zamknięte drzwi.

ROZDZIAŁ 13.

# Pozazmysłowe postrzeganie w pomnażaniu bogactwa

Żebyś mógł się przekonać, czym jest prawo obfitości, popatrz, jak rozrzutna i wspaniałomyślna jest natura. Obserwacja ta doprowadzi cię do konkluzji, że natura jest w pewnym sensie przesadna w swej szczodrobliwości. Zauważ, że gdy zasiewasz ziarno, to wydaje ono plon dziesięciokrotny, stokrotny, a nawet tysiąckrotny. Patrząc na miskę z żołędziami, widzisz potencjalny las.

## Dla bogactwa nie ma granic

• Ostatnio rozmawiałem z pewnym biznesmenem w Hilo, na zachodnim wybrzeżu Wielkiej Wyspy (w Archipelagu Hawajów). Usłyszałem wtedy o bardzo interesującym doświadczeniu, jakie stało się jego udziałem i które pomogło mu przezwyciężyć przekonanie o skazaniu na nędzę. Otóż pewnego dnia, gdy zastanawiał się, w jaki sposób ma zapłacić za rachunki, których mu się trochę uzbierało, zauważył, jak deszcz spływa strugami po dachu. Powiedział wtedy do siebie: „Boskie bogactwa płyną do mnie jak te strumienie deszczu z nieba". Zatrzymał ten obraz w swoim umyśle na jakąś godzinę. Nagle doznał dziwnego uczucia, że atmosfera wokół niego zaczyna się napełniać Boskim bogactwem – duchowym, mentalnym i materialnym – i ogarnęło go cudowne poczucie pokoju.

Od tego dnia w jego sklepie zwiększył się ruch, a sprzedaż wzrosła w takim stopniu, że musiał zatrudnić dwie nowe ekspedientki. Jak to wszystko wytłumaczyć? Otóż gdy medytował nad tym, jak Boże bogactwo spływa na niego na podobieństwo deszczu, przekazał tę ideę swej podświadomości, która odpowiedziała w taki właśnie sposób, doprowadzając ową ideę do urzeczywistnienia. Mężczyzna zapewnił mnie, że od tego dnia nigdy już nie martwił się o pieniądze. Co więcej, na swoim biurku położył kartkę ze słowami: *Oto ześlę wam chleb z nieba, na kształt deszczu* (Wj 16, 4).

## Niewidzialne środki pomocy

• Pewien młody milioner, który często przychodzi na moje wykłady, powiedział mi kiedyś, iż najpoważniejszy problem z większością współpracowników polega na tym, że nie dysponują oni niewidzialnymi środkami pomocy i nie mają pomysłu, w jaki sposób dostać się do bogactw zawartych w ich podświadomości, gdzie są ich niezgłębione pokłady, i dlatego prawo obfitości nie może zadziałać w ich życiu. Jest w tobie niewyczerpany rezerwuar, źródło, z którego możesz czerpać i stawać się coraz bogatszym.

## Służbę uznała za sukces

• Pewna młoda kobieta – która, jak zapewniła, za niewielkie pieniądze otworzyła swój salon piękności i odniosła w tej dziedzinie sukces – opowiedziała mi, że jej głównym celem było jak najlepiej obsłużyć klientki, trwając jednocześnie w łączności z Boskim Źródłem w jej sercu. Zrozumiała bowiem, że praca w tym biznesie to dla niej jeszcze nie wszystko, że powinna także pracować na głębszych poziomach swojego umysłu. W tym celu nieustannie i ze zrozumieniem powtarzała taką oto formułę: *Ty [go] kształtujesz w pokoju, w pokoju, bo Tobie zaufał* (Iz 26, 3). *...w ciszy i ufności leży wasza siła* (Iz 30, 15). *Powierz Panu swoją drogę i zaufaj Mu: On sam będzie działał* (Ps 37, 5).

Gdy się skupiła na tych odwiecznych prawdach, wiedziała, że zintegrują się one z jej charakterem i mentalnością, a także znajdą wyraz w jej pracy. I tak w jej życiu rozpoczął się okres rozwoju, osiągnięć i zwycięstwa.

## Istnieć znaczy obfitować

• Spójrz wokół siebie, a stanie się jasne, że nieskończone bogactwo w tobie jest źródłem obfitości w całej naturze. Prawem natury jest bowiem obfitość – nie zaś brak. Powinieneś koniecznie zyskać mentalne i duchowe podstawy, aby dzięki temu przekształcić swoje życie i doświadczyć bogactwa nieskończoności w umyśle, ciele i życiu zawodowym.

Nie zapominaj o tym, że twoja myśl odciska piętno w świecie twojego umysłu i dzięki temu może być widziana przez bardzo wrażliwą czy jasnowidzącą osobę. Myśli krążące wokół ubóstwa sprawią, że doświadczysz ubóstwa i innych ograniczeń. Z całą pewnością jesteś w stanie znaleźć osoby mieszkające w tym samym bloku czy pracujące blisko ciebie, które myślą o bogactwie, pełni, bezpieczeństwie i życiu opływającym we wszystko. Wydaje się również, że otacza je to wszystko, czego potrzebują. Sekretem ich sukcesu jest przeciwstawienie się myślom dotyczącym ograniczeń nawykowego myślenia związanego z nieskończonym bogactwem pochodzącym od Boga. Zmień swoje myśli i wytrwaj w tej zmianie. Kiedy skierujesz myśli na bogactwa nieskończoności, w twoim życiu zaistnieją niezwykłe, pozytywne zmiany.

## Spłacił swoje długi

• Kilka miesięcy temu miałem wykład w Laguna Beach w Kalifornii na temat prawa obfitości. Po tym wystąpieniu zgłosił się do mnie pewien mężczyzna. Wyglądał na bardzo zaniepokojonego. Jego problem polegał na tym, że nie był w stanie opłacać swojej polisy ubezpieczeniowej. Miał już trzy miesiące zaległości, a w portfelu ani centa. Jego pytanie brzmiało: „Jak mogę ufać Nieskończonemu Źródłu, skoro jestem życiowym bankrutem?".

Przypomniałem mu, że jest odpowiedź na każde pytanie, jak również rozwiązanie każdego problemu. Gdy zaś chodzi o jego problem, to powinien podążać za biblijnym wskazaniem: *Starajcie się naprzód o królestwo [Boga] i o Jego sprawiedliwość, a to wszystko będzie wam dodane* (Mt 6, 33). Znaczy to, że wszystkie moce Boskiej Obecności są w tobie. Musisz proklamować to, czego pragniesz, i odczuwać rzeczywistość owego nowego świata, zaś twoja podświadomość przyczyni się do zaistnienia tego, co w niej zapiszesz.

Wyjaśniłem mu, że bogactwo, zdrowie, pokój umysłu, sukces i tak dalej to po prostu konkretne stany umysłu, oraz że jakaś idea – na przykład nowy wynalazek, książka czy gra, albo nowa technika w biznesie – może być warta milion dolarów, albo nawet więcej. *Sprawiedliwość* to po prostu właściwe użycie prawa, czyli właściwe myślenie, odczuwanie i działanie. Powinieneś wszystkim ludziom życzyć wszelkich błogosławieństw życia. Staraj się dostrzegać obfitość we wszystkich rzeczach i życzyć jej wszystkim ludziom.

Mężczyzna ten zaczął dostrzegać, że zmiana punktu widzenia może rozwiązać jego problem i na nowo uczynić go bogatym człowiekiem. Zaproponowałem mu bardzo prostą metodę na rozproszenie jego przygnębiającego nastroju. Miał po prostu zwrócić uwagę na możliwości, jakie mają słowa w rozbudzaniu ukrytych w nim mocy. Słowa te – „bogactwo", „sukces", „zwycięstwo", „radość" – należy głośno afirmować trzy razy dziennie – po pół godziny za każdym razem. W powtarzanie tych słów włożył więc całą energię i entuzjazm, dzięki czemu stopniowo zaczął się podnosić ze swojej depresji. Zauważył, że te słowa uaktywniły prawdziwe moce drzemiące w jego podświadomości.

Gdy wypełnił swój umysł tymi zasadami, wszelkie okoliczności jego życia stały się widoczne na ekranie przestrzeni. Minęło kilka tygodni i nic szczególnego się nie wydarzyło... poza tym, że kilku bliskich przyjaciół pożyczyło mu kilka tysięcy dolarów, aby mógł się nimi posłużyć. Właściwe rozwiązanie nadeszło w jakiś miesiąc później, kiedy to zauważył, że jeden spośród tych przyjaciół, którzy pomogli mu finansowo, o czym przed chwilą wspomniałem, ofiarował mu również wypełniony na jego nazwisko kupon loteryjny *Irish Sweepstake*[3]. Ku wielkiemu zdzi-

[3] *The Irish Hospitals' Sweepstake* była loterią ustanowioną w Irlandii w 1930 roku jako *Irish Free State Hospitals' Sweepstake*, aby pomóc w finansowaniu pracy szpitali, dla których nie wystarczało funduszy publicznych. Loterię tę określano zazwyczaj krótszą nazwą *Irish Sweepstake*. Ze względu na małą populację ludności w samej Irlandii większe fundusze pochodziły z Wielkiej Brytanii i USA, często od irlandzkich emigrantów. Zwycięzca mógł obstawić kilka wyścigów konnych, m.in. *Cambridgeshire*, *Derby* i *Grand National*, stąd mowa o wygranej w wyścigu konnym w następnym zdaniu – przyp. tłum.

wieniu wygrał koń, na którego postawił, dzięki czemu nasz bohater otrzymał dużą sumę pieniędzy, która rozwiązała wszystkie finansowe problemy. Jego podświadomość znała odpowiedź. Zaufał wewnętrznym mocom i zostało mu dane na miarę jego wiary.

## JAK ODNIEŚĆ SUKCES I BYĆ BOGATYM

• Wiele osób powiada: „Gdy afirmuję 'Odnoszę sukcesy' w czasie, gdy źle mi się wiedzie, albo gdy mówię do siebie 'Jestem bogaty', gdy jest wprost przeciwnie, okłamuję samego siebie i wydaje się, że mój stan się pogarsza: doświadczam przeciwieństwa tego, co afirmuję czy proklamuję jako prawdę".

Przyczyną takiego stanu rzeczy jest fakt, że wiara w niepowodzenie, klęskę i ograniczenia dominuje w ich umysłach i zawsze, gdy afirmują bogactwo, wskrzeszają w swym umyśle myśl o ograniczeniach. Ludzie ci nie potrafią pozyskać bogactw Nieskończoności, ponieważ nie rozumieją pracy swojego umysłu.

Tym, którzy zdają sobie sprawę z owego braku zrozumienia, proponuję najłatwiejsze rozwiązanie, które sprowadza się do zadania bardzo prostego pytania: „Czy wierzysz w szczodrość Nieskończoności oraz w to, że nie może ona ponieść klęski?". Nieskończoność jest wszechmocna i nic nie jest w stanie się jej przeciwstawić. Dlatego sukces jest zasadą życia. Wystarczy, że przejdziesz się ulicą lub pojedziesz na wieś – wszystko, co widzisz, to bogactwo stworzone albo przez człowieka, albo przez Boga. Wszystkie te rzeczy były kiedyś prostymi ideami w umyśle ludzkim lub Boskim. Sugeruję wtedy odwołanie się do dwóch słów, które nie są po prostu jakimiś abstrakcjami, lecz wyrażonymi myślami. Mają one przeogromną moc, ponieważ są związane z niewyczerpaną mocą i mądrością Nieskończoności. Przez powtarzanie tych słów – a są to „sukces" i „bogactwo" – powoli, spokojnie, z zaangażowaniem i pełną świadomością, wiele razy w ciągu dnia, sprawiasz, że w twym umyśle znika opozycja pomiędzy świadomością i podświadomością, jako że wierzysz w istnienie takich rzeczywistości, jak bogactwo i sukces.

Gdy odwołujesz się do pewnych słów – słów, które odnoszą się do odwiecznych Boskich prawd – wtedy twój umysł zakotwicza się w Jedynej Obecności, Przyczynie, Mocy i Substancji i fakt ten przynosi odpowiednie skutki. Wypowiadaj te słowa regularnie, systematycznie, a przekonasz się, że jesteś na właściwej ścieżce. Pamiętaj – to twoje nastawienie umysłu decyduje o wszystkim, a nie zewnętrzne okoliczności. Kiedy posiądziesz właściwe mentalne nastawienie, twoje uwarunkowania, doświadczenia i status ekonomiczny automatycznie się do nich dostosują.

## Bogactwo uciekało przed nim, zamiast go szukać

• Pewien biznesmen narzekał, że bardzo ciężko pracował i spędzał całe godziny w swoim sklepie, podczas gdy nieco dalej inny mężczyzna, prowadzący dokładnie taki sam interes w dużo mniejszym sklepie, zarabiał w ciągu tygodnia trzykrotnie więcej od niego. Nieustannie porównywał swoje rezultaty z wynikami tamtego mężczyzny, aż zaczął go nienawidzić.

Wyjaśniłem mu, że w wyniku podtrzymywania uczuć zazdrości doprowadzał siebie do ubóstwa i że był to jeden z najgorszych sposobów na życie. Negatywne myślenie i niska samoocena kompletnie blokowały jego rozwój i wzrost we wszystkich wymiarach życia. Jak długo podtrzymywałby taką mentalną postawę, bogactwo uciekałoby przed nim, zamiast go szukać.

Sposób przeciwdziałania takiemu stanowi rzeczy był bardzo prosty. Wszystko, co ten człowiek miał do zrobienia, to po prostu błogosławić i życzyć wszelkiego powodzenia swemu rzekomemu konkurentowi, którego większy sukces wzbudzał w nim do tej pory nienawiść. Zrozumiawszy to mężczyzna zaczął się modlić w następujący sposób: „Bóg zaspokaja wszystkie moje potrzeby. Jego bogactwo spływa na mnie jak lawina. Bóg mnie prowadzi, abym każdego dnia mógł coraz lepiej ludziom służyć. Cieszę się z tego, że Bóg błogosławi sprzedawcy z pobliskiego sklepu. Życzę mu wszelkiego dobra".

Kiedy więc pojawiała się jakakolwiek nieżyczliwa myśl wobec drugiego człowieka, on natychmiast afirmował: „Niech ci Bóg błogosławi".

Po chwili myśl ta całkiem znikała. Mężczyzna zaczął lepiej prosperować: w jego życiu działy się teraz rzeczy, o których nawet nie śnił. Zrozumiał bowiem, że przyczyną jego niepowodzeń i różnych niesprzyjających okoliczności był niewłaściwy stan jego umysłu. Poprzez błogosławienie tym, których sukces i bogactwo drażnią nas czy też pobudzają do nienawiści; poprzez życzenie, żeby każdego dnia było im coraz lepiej, uzdrawiamy swoje umysły i otwieramy drzwi przed bogactwami Nieskończoności.

Z obfitości swego serca możesz wylewać dary miłości, światła, radości, sukcesu, życzliwości dla wszystkich, a wtedy odkryjesz, że dzięki błogosławieniu innym bogactwo spływa również na ciebie, a wszelkie poczucie nieadekwatności i ubóstwa jest przezwyciężone.

## Magiczny klucz do bogactwa i życiowego powodzenia

• Udzielając przez wiele lat porad, zdążyłem zaobserwować, że powodem, dla którego wiele osób nie rozwija się w życiu i nie bogaci, jest nawyk osądzania i potępiania tych, którzy po szczeblach kariery wspięli się wyżej. Ludzie ci nie byli w stanie zauważyć, że nic tak nie powstrzymuje ich rozwoju, jak potępianie i ocenianie tych, którzy odnieśli sukces. Zauważyłem, że bezpowrotnie tracili swoje bogactwo, honor i wszelkie osiągnięcia, blokując jednocześnie swój rozwój duchowy, jak i mentalny czy finansowy.

Sposobem na przezwyciężenie tego stanu było nauczenie ich, aby życzyli wszystkim wokół siebie błogosławieństwa na życiowych drogach i cieszyli się z rozwoju i bogactwa innych. W rezultacie ludzie ci uwalniali się z mentalnych okowów nienawiści i resentymentów. Potem stawali się jakby źródłem Boskiej szczodrobliwości dla innych. W taki sposób powracali do swojego Boskiego centrum i odkrywali, że Nieskończoność obdarzała ich – oraz tych wszystkich, za których się modlili – swoim błogosławieństwem. Życząc innym wszelkiego dobra, ściągasz błogosławieństwo na samego siebie. Nie zapominaj o przesłaniu pewnej starej hinduskiej maksymy: „Statek, który płynie do domu mojego brata, płynie także do mojego domu".

## ZAPAMIĘTAJ

1. Żeby sobie uświadomić działanie prawa obfitości, wystarczy popatrzeć, jak szczodra jest natura. Kontempluj tę rozrzutność natury, a zauważysz, że i twoje życie stanie się obfitsze we wszystko.
2. Aby przyciągnąć do siebie bogactwo, należy często afirmować: „Boskie bogactwo spływa do mnie na podobieństwo deszczu, który spada z niebios". Poprzez częste powtarzanie tych słów napełnisz swoją podświadomość ideą bogactwa.
3. Powodem, dla którego wielu ludziom brak potrzebnych pieniędzy, jest rezygnacja z niewidzialnych środków pomocy. Zapominają oni o ukrytym w nich skarbcu wieczności.
4. Właścicielka salonu piękności znalazła klucz do sukcesu: stało się nim pragnienie lepszej służby klientom. Pracowała więc nie tylko na „zewnętrznym" poziomie, ale również w swoim wnętrzu, zwracając się do Nieskończoności w sobie. Proklamowała pokój, harmonię, moc i przewodnictwo. Zrozumiała, że to, co jest wewnątrz, kieruje tym, co na zewnątrz. To, co się dzieje w wewnętrznym świecie umysłu, musi być zgodne z naszym zewnętrznym działaniem.
5. Prawem życia jest pełnia, a nie brak. Twoje myśli przybierają formy i kształty w umyśle. Wzmacniane twoim zaufaniem stają się faktami na ekranie przestrzeni. Myśli na temat harmonii, bezpieczeństwa i bogactwa Nieskończoności zamanifestują się w twoim życiu pod warunkiem, że doprowadzisz do przemiany swojego umysłu i utrzymasz go w tym stanie.
6. Na każde pytanie znajdzie się odpowiedź, każdy problem ma swe rozwiązanie. Jeśli szukasz czegoś w swoim życiu, musisz zstąpić w głąb umysłu i tam głosić, że jesteś tym, czym pragniesz być;

że posiadasz to, co pragniesz posiadać, zaś twoja podświadomość wszystko to urzeczywistni. Królestwo Boże jest królestwem Nieskończonej Inteligencji i Nieskończonej Mocy w tobie. Bogactwa Nieskończoności ukryte są w tobie, musisz tylko uświadomić sobie, że dziedzictwo to zostało w tobie złożone na początku czasu.

7. Powtarzając często słowa: „bogactwo", „sukces", „zwycięstwo" i „radość", sprawiasz, iż rzeczywistości te uaktywniają się w tobie, a podświadomość uzewnętrzni wszystkie możliwości i w twoim życiu zaczną dziać się cuda. Podświadomość może zadośćuczynić potrzebom na różne sposoby: potrzebne ci pieniądze możesz otrzymać w darze, a możesz je również wygrać na loterii albo opatentujesz wynalazek, który przyniesie ci fortunę.
8. Usuń konflikt ze swego umysłu i zamiast mówić: „Jestem bogaty, odnoszę sukcesy, jestem szczęśliwy i tak dalej", posłuż się słowami (wyrażonymi myślami): „bogactwo", „sukces", „szczęście". Słowa te mają swą wewnętrzną dynamikę i poprzez ich powtarzanie rozbudzasz w podświadomości rzeczywistości, które oznaczają. Następny etap to ich obiektywne zaistnienie.
9. Zazdrość, pożądliwość i zgorzknienie zubożają cię, ponieważ uczucia te mają bardzo negatywny charakter. W swoim świecie jesteś jedynym myślicielem, dlatego gdy myślisz w ten sposób, twój świat dotykany jest wszelkiego rodzaju biedą. Promieniuj myślami miłości, pokoju, powodzenia i sukcesu na wszystkich ludzi wokół siebie, wiedząc o tym, że spotka cię to, czego życzysz innym.
10. Nie zapominaj o tym, że Bóg jest twym bogactwem, i proklamuj, że Jego bogactwo na zawsze pozostanie z tobą.
11. Nadmierna krytyka skierowana ku innym osobom, potępianie i zazdrość wywołana tym, że wznieśli się wyżej po szczeblach kariery, blokuje wzrost Boskiego bogactwa w tobie. Życz tym wokół siebie, którzy cię w jakikolwiek sposób irytują, wszelkich błogosławieństw życia, a w ten sposób otworzysz wrota dla wszelkiego błogosławieństwa płynącego do ciebie.

ROZDZIAŁ 14.

# Pozazmysłowa percepcja i cuda twórczej wyobraźni

Na temat wyobraźni wypowiadali się różni wielcy myśliciele. Oto kilka inspirujących sentencji:

*Wszyscy jesteśmy w ten czy inny sposób twórczy, gdyż wyobrażenia są owocem pragnienia.*

George Eliot

*Światem rządzi wyobraźnia.*

Napoleon

*Myśl przekonuje; uczucie przekonuje. Jeśli wyobrażenie wyposaża fakt w skrzydła, uczucie jest wielkim, grubym mięśniem, który je unosi i podnosi z ziemi. Myśl widzi piękno, uczucie je czuje.*

Theodore Parker

*Wyobraźnią, mocą tworzenia obrazów posługują cię ci, którzy otrzymali dar marzeń.*

I. R. Lowell

*Wyobraźnia decyduje o wszystkim – stwarza piękno, sprawiedliwość i szczęście, które w tym świecie są wszystkim.*

Pascal

*Wyobraźnia jest okiem duszy.*

Joubert

*Oko poety, przewracając się w szaleństwie, zerka z nieba na ziemię, z ziemi w niebo; a jak wyobraźnia ucieleśnia nieznane formy rzeczy, tak pióro poety nadaje im kształt, a temu, co beztroskie, nadaje miejsce i imię.*

Szekspir

*Wyobraźnia ma większą moc od wiedzy.*

Albert Einstein

Słowniki definiują wyobraźnię jako działanie mentalnych obrazów czy idei, które nie trafiły do umysłu za pośrednictwem zmysłów. Wyobraźnia to twoja umiejętność rozwiązywania trudności, zdolność podejmowania nowych zadań i rozwiązywania wszelkich problemów.

Wyobraźnia jest podstawową zdolnością twojego umysłu i – tak jak inne – możesz jej użyć w dobrym lub złym celu, a potem zbierzesz żniwo jej działania. W tym rozdziale pozwolę sobie przedstawić, w jaki sposób działa wyobraźnia zdyscyplinowana, poddana Boskiemu przewodnictwu. Gdy mądrze używasz wyobraźni, możesz projektować swoje idee, plany i cele, które potem zostaną przedstawione na ekranie przestrzeni.

## Niemożliwe stało się możliwym

• Kilka miesięcy temu przeprowadziłem dość długą rozmowę telefoniczną z pewną kobietą ze stanu Georgia, nazwijmy ją Panią X. Zwierzyła mi się, że z powodu zbyt wysokiej stopy procentowej oraz wygórowanej ceny agent od nieruchomości nie skłonił nawet jednego potencjalnego klienta do obejrzenia jej domu. Ponieważ zmarł jej mąż, mieszkała w nim sama, nie mogąc sprostać wszystkim wydatkom.

Poleciłem jej bardzo prostą technikę: „Usiądź spokojnie, odpręż się i skup oko swojego umysłu na czeku opiewającym na sto tysięcy dolarów, bo twój dom ma właśnie taką wartość. W wyobraźni dotknij tego czeku, odczuj jego rzeczywistość i podziękuj zań. Odtwarzaj ten mentalny film przez cztery czy pięć minut kilka razy dziennie, a zauważysz, jak ten obraz stopniowo przenika twoją podświadomość. Gdy głębszy umysł zostanie w pełni wypełniony tą treścią, wtedy ją urzeczywistni".

Minęło kilka tygodni i Pani X przysłała mi list. Wspomniała w nim, że sprzedała dom pewnemu bogatemu profesorowi pochodzącemu z Nowego Jorku. Mężczyzna stwierdził, że to idealny dom dla niego. Pani X zapewniła, że najpierw bardzo się wyciszyła i w takim stanie umysłu wyobrażała sobie, że czek na sto tysięcy dolarów został wypisany na jej nazwisko. W wyobraźni udała się do miejscowego banku, aby go tam zdeponować. Wyobrażała to sobie przez cztery czy pięć minut, co godzinę, każdego dnia w ciągu dwóch tygodni. Po tym czasie wygasły wszystkie jej pragnienia, a jej umysł ogarnęło uczucie głębokiego pokoju. Intuicyjnie wiedziała, że jej modlitwa została wysłuchana. Profesor zauważył ogłoszenie: „Do sprzedania – bez pośredników" i pukając do drzwi stwierdził: „To jest to!".

Pamiętaj – wyobraźnia, gdy jest zdyscyplinowana, kontrolowana i poddana duchowemu kierownictwu, staje się najchwalebniejszą i najszlachetniejszą cechą człowieka.

## SAMOTNOŚĆ NIE BYŁA JEJ PRZEZNACZENIEM

• W czasie rozmowy z Panią M poznałem wszystkie powody, dla których nie mogła wyjść za mąż, a powinna mi raczej powiedzieć o tych, które by ją do tego skłoniły. Pani M narzekała, że chociaż prosiła o modlitwę w tej sprawie wszystkie kościoły Nowej Myśli, podjęte wysiłki nie przyniosły oczekiwanego owocu. Wspomniała, że wszystkie jej dzieci już dojrzały i założyły własne rodziny oraz że mieszkają trzy tysiące mil od niej. Zauważyła również, że choć spotkała już w swoim mieście wielu wdowców, żaden nie poprosił jej o rękę.

Za moją sugestią Pani M wyobrażała sobie scenę, w której przewodniczyłem ceremonii jej ślubu. W wyobraźni słyszała, jak mówię: „Ogłaszam was mężem i żoną". Widziała także na swym palcu ślubną obrączkę. Odtwarzała ten obraz nieustannie, aż stał się tak realny, że gdy otworzyła oczy, bardzo się zdziwiła, że jest w swoim domu, a nie w miejscu ceremonii. Kobieta ta rozwinęła wysoki stopień intuicyjno-wyobrażeniowej percepcji.

Krótko potem w czasie podróży pociągiem do syna w Nowym Jorku spotkała wspaniałego emerytowanego lekarza. Podczas jej pobytu w Nowym Jorku odwiedził ją kilkakrotnie, potem się jej oświadczył. Kobieta mądrze użyła wyobraźni, skupiając się na celu, który jej podświadomość urzeczywistniła na swój własny sposób.

Poprzez wsłuchiwanie się w wyobraźni w słowa: „Ogłaszam was mężem i żoną" i odczuwanie ślubnej obrączki na palcu wpoiła swej podświadomości przekonanie, że już jest poślubiona temu cudownemu mężczyźnie, który pasował do niej pod każdym względem. Modląc się, kontemplując szczęśliwe zakończenie i ciesząc się nim, odczujesz radość z wysłuchanej modlitwy.

## MENTALNY EKWIWALENT MILIONA DOLARÓW

• Odbyłem bardzo niezwykłą telefoniczną rozmowę z mężem kobiety, którą nazwiemy Panią H. Mężczyzna ten powiedział: „Moja żona odziedziczyła milion dolarów, a pan jej doradził, jak tego dokonać". Naturalnie pogratulowałem mu i życzyłem obojgu wszelkich błogosławieństw życia. Oddzwoniłem również do Pani H po niedzielnym wykładzie w Wilshire Ebell Theatre w Los Angeles. Właśnie po jednym z takich wykładów wspomniała, że potrzebuje miliona dolarów na zrealizowanie pewnego szlachetnego projektu. Wyjaśniłem jej wtedy, że powinna wyobrazić sobie, jak dzięki temu milionowi realizuje swój projekt. Nadmieniłem, że powinna patrzeć na wszystko jako na dokonany już fakt i dziękować za to, że sprawy tak cudownie się potoczyły.

Wyobraziła więc sobie gotowy projekt – obraz ten był bardzo realistyczny i żywy – i każdego wieczoru tuż przed snem afirmowała: „Milion, milion, milion...". I tak aż do zaśnięcia. Zdawała sobie sprawę, że jej podświadomość musi wcześniej czy później zaakceptować ten obraz. Po jakimś miesiącu jej pełnomocnik poinformował ją o tym, że odziedziczyła milion dolarów. Było to – jak powiedział jej mąż – „całkowicie niespodziewane". Pani H przydarzyło się coś, o czym Szekspir powiedział, że „temu, co beztroskie, nadaje miejsce i imię". Poprzez utrzymywanie w umyśle tego wyobrażenia sprawiła, że przemieniło się ono w rzeczywistość – jej podświadomość urzeczywistniła to na swój sposób.

## W porozumieniu z twym wewnętrznym projektantem

• W twoim wnętrzu mieszka projektant, architekt i tkacz. Przetwarzają oni obrazy zawarte w twoim umyśle w takie życiowe zachowania, które przynoszą ci pokój, radość i zwycięstwo. Największe i najbogatsze galerie obrazów to galerie w umyśle, poświęcone mądrości, prawdzie i pięknu.

Wyobraź sobie swój życiowy ideał i myśl o nim nieustannie. Niech ten ideał zdominuje całą twoją wyobraźnię. Życie pójdzie za tym mentalnym obrazem, który rządzi twoim umysłem. Życiowe ideały są jak niebiańska rosa, która nawilża wysuszone obszary umysłu. Z pomocą swojej zdyscyplinowanej wyobraźni możesz wznieść się ponad codzienność i sięgnąć po rzeczy niezwykłe. Wznieś się ponad zmysłowe doświadczenia i uświadom sobie jeszcze raz, że to, co wewnątrz, rządzi tym, co jest na zewnątrz ciebie. Twój mentalny obraz jest przyczyną zewnętrznej rzeczywistości.

## Twórcza wyobraźnia warsztatem Boga

• Ostatnio jadłem lancz z niezwykłym młodym mężczyzną, którego nazwę J. J.. Pracuje on w sektorze telekomunikacji. Mężczyzna ten przeczytał moją *Potęgę nieskończonego bogactwa*[4]. Bardzo mnie wzruszyło jego wyznanie: „Mógłbym ją cytować z pamięci". W każdy weekend brał swoją żonę na wyścigi samochodowe, robiąc tam zakłady. Zazwyczaj poświęcał na ten cel każdorazowo od dziesięciu do piętnastu dolarów. Nie miał jednak szczęścia. Żona powiedziała mu więc, że powinien użyć swojej podświadomości, żeby wygrać dużą sumę pieniędzy, za które mogliby sobie kupić dom w Beverly Hills.

Postanowił więc codziennie przed spoczynkiem wyciszać swój umysł, aby na około piętnaście minut utrzymywać go w pasywnym, receptyw-

[4] Por. Joseph Murphy, *Potęga nieskończonego bogactwa. Myśli kształtują życie*, Wyd. KOS, Katowice 1999.

nym, a przez to twórczym stanie. Trwając w tym stanie umysłu, wyobrażał sobie, jak otrzymuje czek na pięćdziesiąt tysięcy dolarów, słysząc słowa mężczyzny, który mu go wręcza: „Chłopcze, ale masz szczęście!". Wyobrażał więc sobie, jak stoi obok wyznaczonego do tego celu miejsca i słyszy te właśnie słowa. W wyobraźni patrzył na czek, dotykał go, cieszył się i dziękował zań. W wyobraźni pokazywał tenże czek swojej żonie, mówiąc: „Kochanie, dom, którego pragnęłaś, jest już twój". W wyobraźni nieustannie powtarzał: „To cudowne!".

Każdego wieczoru przez około miesiąc oglądał ten film oczyma umysłu. Nadmienił, że czasami jego wyobrażenia przybierały tak realistyczną postać, że gdy otwierał oczy, był zdziwiony, że znajdował się w swojej sypialni zamiast na wyścigach. Poprzez taki właśnie stan umysłu można przekazać konkretny obraz swej podświadomości.

Po pięciu tygodniach od rozpoczęcia tych mentalnych ćwiczeń nasz bohater wziął udział w zakładach. Był absolutnie pewien, że otrzyma czek, który sobie wyobraził. Na zakłady poświęcił dużą sumę, obstawiając sześć wyścigów i... każdy z nich wygrał. Gdy przedstawił swoje zakłady, mężczyzna wypłacający wygrane wręczył mu czek na pięćdziesiąt tysięcy dolarów, mówiąc dokładnie to, co ten człowiek słyszał każdego dnia w wyobraźni: „Chłopcze, ale masz szczęście!".

Obecnie mieszka w swoim pięknym domu w Beverly Hills, za który zapłacił dokładnie pięćdziesiąt tysięcy dolarów. W ciągu ostatnich kilku lat wartość tego domu wzrosła dwukrotnie. Od dnia wygranej ani on, ani jego żona nie wzięli ani razu udziału w zakładach, ponieważ oboje są zbyt zajęci, pracując codziennie w radiu i telewizji oraz pomagając innym w rozwoju.

## ZAPAMIĘTAJ

1. Twoja wyobraźnia pozwala ci wytworzyć mentalne obrazy czy idee bez udziału zmysłów.

2. Wyobraźnia jest jedną z podstawowych zdolności umysłu; gdy jest zdyscyplinowana i ukierunkowana, może twoje idee i marzenia wyrazić na ekranie przestrzeni.
3. Niezależnie od obiektywnych faktów możesz wyobrazić sobie, że sprzedałeś swój dom. Odczuj realność tej sprzedaży, dokonanej jedynie w umyśle, odtwarzając nieustannie odpowiedni „film". W pewnym momencie odczujesz, że obraz ten zadomowił się w pełni w twojej podświadomości.
4. Prostą technikę, pozwalającą przyciągnąć do siebie odpowiedniego współmałżonka, zastosowała siedemdziesięciodwuletnia wdowa. Całe jej działanie sprowadzało się do tego, że wyobrażała sobie, jak stoję przed nią i jej partnerem, mówiąc: „Ogłaszam was mężem i żoną". Czuła obrączkę na swoim palcu, która była dowodem na to, że jest już mężatką. Ten mentalny film, który „oglądała" z przekonaniem i radością, przekazał jej podświadomości przekonanie, że poślubiła już mężczyznę, który pasował do niej pod każdym względem. Kilka tygodni później rzeczywiście spotkała tego, którego miała poślubić. Jest bowiem tak, że to, co sobie wyobrażasz i uważasz za prawdziwe, wnika w twoją podświadomość, która z kolei urzeczywistnia te treści.
5. Pewna kobieta potrzebowała miliona dolarów do zrealizowania szlachetnego projektu. Wyobraziła więc sobie, że posiada te pieniądze, zanim rzeczywiście stały się one jej własnością. I tak każdego wieczoru wyobrażała sobie, że ukończyła już swoje dzieło. Spokojnie zasypiała z jednym słowem „milion" wiedząc, że jej podświadomość zna jej potrzeby. Przed końcem miesiąca jej mąż powiedział mi: „Moja żona odziedziczyła nagle milion dolarów". Odniosła sukces jedynie dzięki częstemu powtarzaniu słowa „milion" i wyobrażaniu sobie, jak realizuje projekt wart tyle pieniędzy. Wiedziała bowiem, że idee te zostaną wprowadzone do jej podświadomości dzięki afirmacji.
6. Wyobraź sobie życiowy ideał czy cel, bądź z nim mentalnie złączony, a twoje życie pójdzie w tym kierunku, ponieważ ten ideał rządzi twym umysłem.

7. Młody mężczyzna pracujący w sektorze telekomunikacji chciał kupić swojej żonie dom, a nie miał na to pieniędzy. Jego pasją było robienie zakładów na wyścigach samochodowych w kwocie od dziesięciu do piętnastu dolarów na tydzień. Nie wiodło mu się jednak w tym wszystkim. Po przeczytaniu jednej z moich bardziej popularnych książek zaczął mądrze używać swojej wyobraźni. Wyobrażał więc sobie, jak po wyścigu przyjmuje czek opiewający na kwotę pięćdziesięciu tysięcy dolarów. W tym wyobrażonym filmie wręczający mu czek mężczyzna mówił: „Chłopcze, ale masz szczęście!". Wkrótce wszystko to, co sobie wyobrażał, dokładnie się spełniło.

ROZDZIAŁ 15.

# Poznaj niezwykłe możliwości swojego umysłu

Twój umysł – jak to już wyjaśniłem w *Potędze podświadomości* – jest dwuwarstwowy: świadomy i podświadomy. Czasem mówi się w związku z tym podziałem o obiektywnym i subiektywnym umyśle. Na poziomie umysłu świadomego rozumujesz, analizujesz i kontaktujesz się z zewnętrznym światem za pomocą pięciu zmysłów. Twój świadomy umysł działa indukcyjnie oraz dedukcyjnie. Natomiast twoja podświadomość – głębszy umysł – jest skarbnicą pamięci, emocji i intuicji. To jest „organ" jasnowidzenia, jasnosłyszenia, telekinezy i telepatii.

W swej podświadomości znajdziesz nieskończoną inteligencję i bezkresną mądrość, oraz wszelkie bogactwa Nieskończoności czekające na to, abyś je wziął w posiadanie. Wrażliwa osoba pozostając w pasywnym, jasnowidzącym stanie umysłu może bez problemu odczytywać twoje myśli nawet w najdrobniejszych szczegółach. Osoba taka może również przeczytać list w zaklejonej kopercie, który masz w kieszeni i którego ty sam jeszcze nie czytałeś. Są ludzie, którzy rozwinęli swoje jasnowidzące zdolności w takim stopniu, że mogą widzieć wydarzenia rozgrywające się w innym miejscu, nie posługując się swoimi pięcioma zmysłami.

Podświadomość utożsamiana jest czasem z duszą. Należy zapamiętać, że twoja podświadomość jest nieustannie podatna na sugestię. Jeśli, na przykład, pozostajesz w stanie hipnozy, twoja podświadomość bez wahania zaakceptuje każdą sugestię osoby, która cię zahipnotyzowała, bez względu na to, czy idea ta ma dla ciebie jakiś sens, czy jest wręcz absurdalna.

## Eksperymenty związane z podświadomością

• Byłem świadkiem wielu eksperymentów w różnych częściach świata mających na celu wyjaśnienie zjawiska hipnozy. Pewnego razu widziałem, jak mężczyźnie pozostającemu w hipnotycznym transie zasugerowano, że jest psem. Mężczyzna zaakceptował sugestię i odgrywał rolę psa w takim stopniu, w jakim to było możliwe, chłepcąc mleko z miski i szczekając. Innym razem, gdy pewnemu mężczyźnie zasugerowano, że jest prezydentem Rooseveltem – a ten pamiętał głos, sposób bycia i gesty prezydenta – to odgrywał jego rolę, mówiąc jego głosem i tak samo akcentując wypowiadane słowa.

Pamiętaj – twoja podświadomość jest otwarta na sugestię i działa zgodnie z nią niezależnie od tego, czy sugerowana treść jest prawdziwa czy fałszywa. Podświadomość działa wtedy pod wpływem tej sugestii, podczas gdy świadomy umysł jest zawieszony. Podświadomość nie rozumuje jak świadomy umysł, lecz akceptuje sugerowaną ideę i działa na zasadzie dedukcji zgodnie z naturą zaaplikowanej sugestii. Jest niesłychanie ważne, abyś o tym pamiętał, bowiem w przeciwnym razie zostaniesz oszukany przez jakiegoś hipnotyzera.

## Powiedziano mu, że jest opętany...

• Kilka lat temu w Londynie byłem świadkiem, jak pewien lekarz zahipnotyzował swojego studenta – nazwijmy go Pat. Zasugerował więc

Patowi, że jest opętany przez diabły. Student ten natychmiast pobladł, zaczął się trząść i wrzeszczeć. Kiedy zaczęły targać nim konwulsje, lekarz zmienił rodzaj sugestii, przekonując go tym razem, że jest wolny, spokojny i wszystko jest w porządku. Kiedy mężczyzna powrócił do naturalnego stanu świadomości, nie miał żadnego pojęcia o tym, co się wydarzyło. Był w pełni zrelaksowany i wypoczęty.

Łatwo zrozumieć, co się stało. Przede wszystkim trzeba pamiętać, że nie ma czegoś takiego, jak diabeł czy opętanie przez złe duchy. Pat jednak wierzył w istnienie tych istot i dlatego je widział. Były to byty mające wygląd w połowie ludzki, a w połowie zwierzęcy: z podwójnymi racicami, kozimi rogami na głowach i ogonami zakończonymi żądłem. Formy te były halucynacjami powstałymi na bazie obrazów diabła, przekazanych Patowi w dzieciństwie. A tak naprawdę wtedy możemy mówić o działaniu diabła w naszym życiu, gdy tracimy zdolność postrzegania, gdy popadamy w lęk, zabobon, nienawiść, zazdrość, ignorancję i inne negatywne stany świadomości.

## ...A POTEM ZAPROSZONO DO NIEBA

• Pata znów zahipnotyzowano. Tym razem zasugerowano mu, że jest w niebie i poproszono, żeby opisał to, co widzi. Natychmiast zmienił się wyraz jego twarzy. Wyglądał teraz na człowieka pełnego pokoju i radości – prawie tak, jakby był w ekstazie. Opowiedział nam wszystko o pięknych aniołach, które widzi. Widział również wspaniały złoty tron i siedzącego na nim mężczyznę o wyglądzie mędrca. Człowiek ten, w którym nasz student rozpoznał Jezusa, trzymał w rękach Biblię. Pat słyszał także piękną muzykę wykonywaną przez – jak zapewniał – anielskie chóry.

Dla osoby zorientowanej w tym temacie jest oczywiste, że podświadomość jest kontrolowana przez sugestię, a więc to, co Pat widział w niebie, wynikało z jego przekonań, które przechowywał w swym umyśle od dzieciństwa. Wierzył on, że niebo jest miejscem, do którego idziemy po śmierci. Sugestia lekarza obudziła w nim po prostu te podświadome wierzenia i choć były one fałszywe, to jednak przyjęły logiczną i spójną postać. Sugestie przekazane Patowi w trakcie transu hipnotycznego – niezależnie od tego, czy były prawdziwe, czy fałszywe – zostały przez jego podświadomość rozwinięte na zasadzie dedukcji i przedstawione w barwnej postaci.

## Upiła się zwykłą wodą

• Ten sam lekarz zahipnotyzował dwóch innych studentów obecnych podczas przeprowadzania wspomnianych eksperymentów. Jednemu z nich podał mydło do golenia sugerując, że to banan, i zapewniając, że może go skosztować i że będzie się potem bardzo dobrze czuł. Student zjadł mydło, nie odczuwając w następstwie tego żadnych przykrych dolegliwości. Drugiemu z nich zasugerował, że ma bardzo wysoką temperaturę, przyśpieszony puls i że się obficie poci. Natychmiast też można było zaobserwować te objawy.

Poddanej hipnozie Mary podano szklankę wody mówiąc, że jest to irlandzka whisky. Natychmiast zaczęła zachowywać się jak pijana: wygadywała jakieś brednie i chodziła chwiejnym krokiem. Następnie lekarz podał jej łyżkę wody informując, że jest to specjalny narkotyk pochodzący z Niemiec, który natychmiast przywróci jej spokój umysłu. Sugestia ta była doskonałym antidotum na wspomniane dolegliwości. Gdy Mary wyszła z hipnotycznego transu, zachowywała się całkiem normalnie i nie odczuwała żadnych negatywnych skutków.

Te przykłady pokazują zarówno podatność podświadomości na sugestię, jak również jej kreatywną moc.

## Autosugestia przeciw sugestii hipnotycznej

• Nikt nie będzie cię w stanie zahipnotyzować, jeżeli swej podświadomości przekażesz ideę, że nikt nie może tego zrobić bez twojej zgody. Stan hipnozy jest zazwyczaj wywoływany przez sugestię hipnotyzera.

Jego niepowodzenie w hipnotyzowaniu cię jest skutkiem przekazania twojej podświadomości sugestii, że on nie może tego zrobić. Twoja autosugestia jest mocniejsza od jego sugestii i dlatego nie udaje mu się cię zahipnotyzować. Dzieje się tak ze względu na naturę działania podświadomości. Mocniejsza sugestia zawsze bierze górę.

## NIEPOWODZENIE HIPNOTYZERA

• Kilka lat temu brałem udział w serii eksperymentów związanych z hipnozą, przeprowadzonych przez bardzo znanego prawnika, a zarazem psychologa mieszkającego w Nowym Jorku. Zahipnotyzował on młodą dziewczynę i zasugerował jej, żeby się rozebrała. Działo się to w obecności około dwunastu osób, zarówno kobiet, jak i mężczyzn. Dziewczyna nie podjęła współpracy i wydawało się, że jest bardzo zażenowana i zestresowana. Psycholog był bardzo zdezorientowany jej stanowczym oporem, ponieważ wcześniej chwalił się, że dziewczyna zrobi w hipnotycznym transie wszystko, co jej każe. Oczekiwał więc biernego posłuszeństwa, ponieważ nie był świadomy subtelnej roli, jaką odegrała jej przeciwsugestia w stosunku do jego sugestii. Dziewczyna zachowała swoją autonomię.

Podświadomość zawsze akceptuje dominująca sugestię. Zanim rozpoczęto seans hipnotyczny, dziewczyna poddała się autosugestii: „Nie zrobię nic, co by było sprzeczne z moimi moralnymi czy religijnymi zasadami". Fakt ten dowodzi, że sugestia rządzi twoją podświadomością. Twoja podświadomość ulega mocy zarówno twojej, jak i cudzej sugestii. W świadomym stanie zawsze możesz przemyśleć, co warto przyjąć, a co odrzucić z sugestii innych ludzi.

## NĘKANA PRZEZ RZEKOMO ZŁEGO DUCHA

• A oto ilustracja pozwalająca zrozumieć działanie naszej podświadomości. W ubiegłym roku po jednym z moich wystąpień w San Francisco podeszła do mnie pewna kobieta, narzekając, że atakuje ją jakaś bezcielesna istota, a dokładniej zły duch, racząc jakimiś plugawymi treściami, zasypując przekleństwami i namawiając do seksualnej rozwiązłości, a nawet dotykając ją nocą. Ostatnio duch ten namawiał ją do tego, aby skoczyła do oceanu i skończyła z sobą.

Kobieta chodziła do psychiatry i zażywała środki uspokajające, ale niewiele jej to pomagało. Przez cały czas śmiertelnie się bała. Zapewniła mnie, że wiele razy tak za dnia, jak i w nocy ten duchowy byt namawiał ją: „Weź większą dawkę środków uspokajających. No, śmiało. Zabij się!".

## Przyczyna jej wewnętrznego rozbicia

• Kobieta ta dosłownie rozumiała Biblię i wierzyła w istnienie złych duchów. Nie wiedziała, że diabły wspominane w Biblii to nic innego, jak tylko personifikacje nienawiści, żalu, samopotępiania i złości, jak również innych negatywnych emocji generowanych przez ludzki umysł.

Kobieta przez kilka miesięcy praktykowała pismo automatyczne. Trzymała po prostu w ręce ołówek wierząc, że jakiś niewidzialny duch nim porusza. Jej podświadomość zaakceptowała tę autosugestię i stopniowo kontrolowała jej mięśnie i nerwy, przesuwając ołówek po kartce. Jej świadomy umysł był pasywny i spokojny, a ona – jak twierdziła – była nieświadoma tego, co pisze. Obawiała się, że złe duchy mogą się nią posługiwać, a ponadto miała żal do męża, ponieważ był zupełnie niezainteresowany seksem. Głosy, które słyszała, przeklinały Boga, Biblię i ją samą. W rzeczywistości były to „nagrania" pochodzące z jej zatrutego umysłu.

## Nie znała mocy autosugestii

• Duch, który – jak wierzyła – przemawiał przez nią, nie był niczym innym, jak tylko jej autosugestią lęku. Hiob powiedział kiedyś: *...bo spotkało mnie, czegom się lękał, bałem się, a jednak to przyszło* (Hi 3, 25). Kobieta ta powiązała pismo automatyczne z koncepcją duchów, nie wiedząc, że to właśnie jej podświadomość odtwarzała to, czym była nasączona. Jej podświadomość była zdominowana przez lęk, poczucie winy (ponieważ nienawidziła męża) oraz obawę, że spotka ją kara z powodu tych negatywnych uczuć. Głosy te zachowywały się tak, jakby stała za nimi jakaś osoba, podczas gdy w rzeczywistości były to udramatyzowane treści zapisów jej podświadomości. Właściwie to ta kobieta mówiła do samej siebie.

## Wreszcie znalazła pokój umysłu

• Wyjaśniłem jej to wszystko i myślę, że moje wyjaśnienie stanowiło dziewięćdziesiąt procent „lekarstwa" potrzebnego do jej zdrowienia. Wytłumaczyłem jej więc, że to jest absolutnie niemożliwe, żeby negatywne głosy i emocje mogły rządzić umysłem poświęconym Boskiej Obecności, i że powinna napełnić swój umysł Boskimi prawdami, a one wyprą stamtąd wszystko, co nie jest Bogiem czy prawdą.

I tak za moją sugestią kobieta rano, w południe i wieczorem odmawiała na głos wspaniały Psalm 91, którego treść uzdrawia i chroni, wiedząc, że jeśli będzie afirmować te prawdy, to one zneutralizują zawartą w jej umyśle truciznę i oczyszczą jej podświadomość z wszelkich negatywnych wzorców działania. Uczyniła więc Psalm 91 fundamentem swojego życia i kiedykolwiek negatywne głosy czy myśli nękały jej podświadomość, ona natychmiast afirmowała: „Bóg mnie kocha i troszczy się o mnie".

Po jakichś dziesięciu dniach doświadczenie destruktywnych głosów minęło, a kobieta znalazła upragniony spokój. Możesz napełnić swój umysł Boskimi myślami, powtarzając wspaniałe słowa Psalmu 91:

*Kto przebywa w pieczy Najwyższego*
*i w cieniu Wszechmocnego mieszka,*
*mówi do Pana: „Ucieczko moja i Twierdzo,*
*mój Boże, któremu ufam".*
*Bo On sam cię wyzwoli*
*z sideł myśliwego*

*i od zgubnego słowa.*
*Okryje cię swymi piórami*
*i schronisz się pod Jego skrzydła:*
*Jego wierność to puklerz i tarcza.*
*W nocy nie ulękniesz się strachu*
*ani za dnia – lecącej strzały,*
*ani zarazy, co idzie w mroku,*
*ni moru, co niszczy w południe.*
*Choć tysiąc padnie u twego boku,*
*a dziesięć tysięcy po twojej prawicy:*
*ciebie to nie spotka.*
*Ty ujrzysz na własne oczy:*
*będziesz widział odpłatę daną grzesznikom.*
*Albowiem Pan jest twoją ucieczką,*
*jako obrońcę wziąłeś sobie Najwyższego.*
*Niedola nie przystąpi do ciebie,*
*a cios nie spotka twojego namiotu,*
*bo swoim aniołom dał rozkaz o tobie,*
*aby cię strzegli na wszystkich twych drogach.*
*Na rękach będą cię nosili,*
*abyś nie uraził swej stopy o kamień.*
*Będziesz stąpał po wężach i żmijach,*
*a lwa i smoka będziesz mógł podeptać.*
*Ja go wybawię, bo przylgnął do Mnie;*
*osłonię go, bo uznał moje imię.*
*Będzie Mnie wzywał, a Ja go wysłucham*
*i będę z nim w utrapieniu,*
*wyzwolę go i sławą obdarzę.*
*Nasycę go długim życiem*
*i ukażę mu moje zbawienie.*

Rozważanie tych prawd sprawi, że rozwiną się twoje zdolności pozazmysłowego postrzegania.

## Sekret tabliczki Ouija

• Moja sekretarka, pani Wright, matka dwóch wspaniałych młodych mężczyzn, poinformowała mnie, że gdy była jeszcze nastolatką, spędziła z babcią wiele niezapomnianych chwil, posługując się tabliczką Ouija. Otrzymywały tą drogą niezwykłe przesłania od – jak wtedy przypuszczały – niewidzialnych inteligencji. Wskaźnik na tej tabliczce poruszany był przez niewidzialną moc, udzielającą odpowiedzi na wszystkie pytania.

W tamtym czasie pani Wright nie znała jeszcze zasad funkcjonowania umysłu. Nie wiedziała nic o świadomości, a tym bardziej o podświadomości. Nie wierzyła również w jakieś ponadnaturalne byty czy złe duchy stojące za działaniem tabliczki Ouija. Takie terminy, jak *spirytualizm* czy *zjawiska paranormalne* też nic dla niej wtedy nie znaczyły.

Pewnego razu, posługując się tą tabliczką, zadała pytanie: „Kto odpowiada na moje pytania?”. Odpowiedź brzmiała: „Louise Barrows”. Louise to jej drugie imię, a Barrows to jej panieńskie nazwisko. Ten eksperyment jasno dowodzi, że w tym czasie pani Wright, posługując się tabliczką Ouija, nie wiedziała nic o zjawiskach paranormalnych i dlatego jej podświadomość nie mogła zakładać, że za pomocą tej tabliczki wypowiadają się duchy. Gdyby za pośrednictwem tej tabliczki wypowiadali się jacyś jej zmarli krewni, to by znaczyło, że – zgodnie z prawem sugestii – podświadomość wystąpiła w ich roli.

Jej babka, odrzucając hipotezę, że za działaniem tabliczki Ouija stoją niewidzialne istoty i udzielają odpowiedzi z innego wymiaru, zadała pytanie: „Czy to mój własny umysł odpowiada na moje pytania?”. Odpowiedź brzmiała: „Dokładnie tak”. Gdyby więc założyła, że to jakaś zmarła osoba lub niewidzialny duch udziela jej odpowiedzi, jej podświadomość wystąpiłaby w tej roli, udzielając stosownych odpowiedzi.

W rzeczywistości to podświadomość tych dwóch pań stała za wszystkim, co się działo, więc po prostu rozmawiały one same z sobą. W wyjaśnianiu tych rzeczy – tak samo zresztą, jak wszystkich innych – należy się kierować zasadą powściągliwości i prostoty, czyli poprzestać na przesłankach (hipotezach) wystarczających, a nie odwoływać się do wszystkich możliwych. *Onus probandi*, obowiązek udowodnienia (winy oskarżonemu) mają więc również ci, którzy uważają, że za działaniem tabliczek Ouija stoją niewidzialne istoty.

## PROSTYTUTKA MÓWI JAK BOGINI

• Opowiem teraz o eksperymencie, jaki przeprowadzili: dr Harry Gaze, wybitny autor i prelegent, znany nam już sędzia Thomas Troward oraz dr Cornwall Round z Londynu. Eksperyment dotyczył działania podświadomości i został opisany przez Harry'ego Gaze'a. Wzięła w nim udział uliczna prostytutka, którą nakłonił do tego dr Round. Zapłacono jej dużo więcej, niż zwykle zarabiała. Dr Gaze zaznaczył, iż zapewniono ją, że eksperyment jest dla niej całkowicie bezpieczny, a co więcej, że poczuje się po nim odprężona i ożywiona.

Po wprowadzeniu jej w stan hipnozy dr Round powtórzył jej podświadomości wiele razy: „Jesteś kapłanką w Świątyni Słońca. Masz dla nas specjalne przesłanie. Będziesz do nas przemawiać pięknie i wyraźnie. Masz dostęp do wielkich prawd. Opowiesz nam o nich. Są wokół ciebie mądrzy doradcy, a ty jesteś otwarta na ich wiedzę. Możesz nam tę mądrość przekazać. Pamiętaj, jesteś mądrą kapłanką i możesz wskazywać nam drogę rozwoju".

Po kilkukrotnym powtórzeniu tych słów jej zwyczajne znane nam cechy zanikły, a w ich miejsce wystąpiły cechy zupełnie innej osobowości. Ostatecznie zaczęła z dumą i godnością przemawiać jak bogini na temat życia, filozofii i nieśmiertelności.

Zarówno Thomas Troward, jak i pozostali obserwatorzy eksperymentu byli pod wielkim wrażeniem. Niektórzy z nich wcześniej korzystali z hipnozy dla celów medycznych, hipnotyzując na przykład swoich pacjentów przed operacją. Sędzia Troward spuentował to tak: „To jest ewidentny dowód na to, że podświadomość może zaakceptować i spersonifikować to, co jest jej żywo zasugerowane, podczas gdy świadomość jest zawieszona. Myśl jest rzeczywistą mocą". Oto odpowiedź, która uznaje wartość pozazmysłowego postrzegania.

Obserwatorzy eksperymentu mieli oczywiście różne zdanie na temat źródła opisywanego zjawiska. Jeden z mężczyzn był przekonany, że kobieta w trakcie eksperymentu była pod kontrolą bezcielesnej inteligencji. W tym doświadczeniu widział on dowód na komunikację ze światem duchów. Jednak sędzia Thomas Troward, dr Harry Gaze i dr Cornwall Round stwierdzili, że zjawisko to było efektem działania „zwyczajnych" mocy podświadomości, zaś udzielane odpowiedzi odzwierciedlały obecne przekonania dziewczyny, zasłyszane idee czy też uniwersalny subiektywny umysł. Jej podświadomość nawiązała kontakt z umysłami obecnych tam osób i przedstawiła ich zawartość w logicznej sekwencji, działając pod wpływem sugestii doktora Rounda.

## PRZESŁANIE CZĘSTO POCHODZI OD CIEBIE...

• Jeden z moich starych przyjaciół z Nowego Jorku eksperymentował z wieloma mężczyznami i kobietami uważającymi się za media i oferującymi swoje usługi w zakresie kontaktów ze zmarłymi krewnymi. W czasie tych eksperymentów podawał swoje imię jako imię któregoś ze zmarłych krewnych i prosił o nawiązanie kontaktu. Medium – zakładając, że miał on w innym wymiarze brata lub ojca – zawsze przekazywało od nich uspokajające i dobre wieści.

Znaczy to, że mój przyjaciel miał wtedy bardzo dobry kontakt z... samym sobą! A powodem tego faktu było to, że medium działało w przekonaniu, że jest to imię jednego ze zmarłych krewnych. Prawda zaś była taka, że w owym czasie nie miał wśród zmarłych brata ani ojca, co utwierdziło go w przekonaniu, że to podświadomość medium reagowała na jego podświadomość. Kobieta-medium wchodziła w trans, będąc przekonaną, że nawiązuje kontakt z krewnym w innym wymiarze, a jej podświadomość przekazywała mu wiadomość od niego.

## ...ALE NIE ZAWSZE

• Jednak nie wszystkie takie przekazy mają źródło wyłącznie w podświadomości zainteresowanej osoby czy medium. Są bowiem media o niekwestionowanej uczciwości, które rzeczywiście kontaktują się z istotami z następnego wymiaru życia. I tak Arthur Ford był jednym z najsłynniejszych mediów w Ameryce i nie ma wątpliwości, że gdy pozostawał w transie, przekazywał niezwykłe i potwierdzone wiadomości. Bez wątpienia był on „kanałem", poprzez który dochodziły komunikaty od krewnych z innego wymiaru. Niezliczeni słuchacze zapewniali, że był pod tym względem genialny. Wierzę na przykład, że biskup Pike kontaktował się za jego pośrednictwem ze swoim synem.

Przypuśćmy, że twój ojciec zadzwonił z Londynu. Przypuśćmy również, że to nie on, lecz ktoś inny naśladuje jego głos. Zapewne dysponujesz odpowiednimi środkami, żeby sprawdzić, czy to rzeczywiście jest twój ojciec. Niektóre anegdoty, nazwy zwierząt, jakieś bez większego znaczenia wydarzenia oraz cała gama różnych okoliczności znanych tylko tobie i jemu przekona cię, że to rzeczywiście jest on.

Jeżeli jesteś w Chicago, a twoja matka w Los Angeles, możesz otrzymać od niej wiadomość drogą telepatii. Ona również może otrzymać wiadomość od ciebie. Jak często zdarzyło ci się odczytać całą treść listu od przyjaciela czy krewnego w czasie snu, a potem otrzymać ten list rzeczywiście i przekonać się, że znasz już jego treść? Tego rodzaju zdarzenia związane są często z naszymi zmarłymi krewnymi, którzy komunikują się z nami, ale jest to raczej wyjątek niż reguła.

Jest faktem, że umysł może kontaktować się z umysłem, my zaś musimy nauczyć się rozróżniać przekazy pochodzące z naszych podświadomości od tych, które pochodzą od naszych bliskich zmarłych. Osoby te kontaktują się z nami dzięki możliwości pozazmysłowego postrzegania z naszej strony. Nie lekceważ napomnienia zawartego w Biblii: *Jeśli zaś komuś z was brakuje mądrości, niech prosi o nią Boga, który daje wszystkim chętnie i nie wymawiając; a na pewno ją otrzyma* (Jk 1, 5).

# ZAPAMIĘTAJ

1. Umysł jest dwuwarstwowy – świadomy i podświadomy. Na poziomie świadomości twój umysł dokonuje wyborów, analiz i syntez, posługując się indukcją i dedukcją. Natomiast na poziomie podświadomości działa wyłącznie na zasadzie dedukcji. Podświadomość jest skarbnicą pamięci, emocji, jasnowidzenia, jasnosłyszenia i telepatii. Rezydują w niej nieskończona inteligencja i bezkresna mądrość. Wszystko, co twoja świadomość przekazuje podświadomości, ta ostatnia w pełni akceptuje, niezależnie od tego, czy konkretny przekaz jest prawdziwy, czy fałszywy.
2. Twoja podświadomość nie może podążać jednocześnie za dwoma ideami, zatem podejmij decyzję, którą treść wybierasz. Tę decyzję podejmujesz na poziomie świadomości.
3. Gdy jesteś poddany hipnozie, twoja podświadomość zaakceptuje sugestie hipnotyzera bez najmniejszych wahań. Na przykład jeśli usłyszysz, że jesteś psem, odegrasz rolę psa tak dobrze, jak to tylko możliwe. Będziesz szczekał i chłeptał mleko z miski tak, jak robi to pies.
4. Twoja podświadomość jest kontrolowana przez sugestię. Jeśli na przykład jakaś osoba wierzy w diabły czy innego rodzaju złe duchy i – będąc w stanie hipnozy – otrzyma sugestię, że jest opętana, zacznie się zachowywać, jakby rzeczywiście tak było. Znaczy to, że podświadomość hipnotyzowanej osoby akceptuje taką sugestię. Subiektywne halucynacje na temat diabłów z racicami i rogami, ogonami i żądłami, skrzydłami nietoperza i innymi obrzydliwymi cechami to wszystko efekt przesądów i wierzeń, które w ciągu życia zgromadziły się w twoim umyśle. Człowiek, który nigdy nie słyszał o diabłach i który w nie nie wierzy, nie spotka się z nimi w hipnotycznym transie.
5. Jeśli powiesz zahipnotyzowanej osobie, która wierzy w niebo ze złotymi tronami i chórami anielskimi: „Jesteś teraz w niebie”, to dozna ona uczucia pokoju, miłości i ekstazy, a następnie opisze

to, co uważa za niebo. Podświadomość tej osoby po zaakceptowaniu sugestii przekazuje w udramatyzowanej formie wierzenia z dzieciństwa. Osoba ta nie wie, że w tym momencie przebywa w niebie, którym jest jej własny umysł czy duch.

6. Jeżeli zahipnotyzowanej osobie podasz szklankę wody i powiesz, że jest to whisky, zaraz zacznie zachowywać się jak ktoś pod wpływem alkoholu. Przyczyną tego jest jej podświadomość, która traktuje twoją sugestię dosłownie i zachowuje się zgodnie z nią.
7. Jeśli – zanim zostaniesz zahipnotyzowany – zaaplikujesz sobie potężną autosugestię, że nie zrobisz nic, co mogłoby się sprzeciwiać twoim moralnym zasadom, sugestia hipnotyzera nie odniesie skutku, ponieważ podświadomość ulegnie dominującej sugestii. Sugestia silniejsza zawsze bierze górę.
8. Jeżeli odważnie i z przekonaniem zasugerujesz samemu sobie, że nikt nie może cię zahipnotyzować, to sugestia hipnotyzera nie odniesie skutku. Po prostu zamkniesz swój umysł na jego sugestię. Staniesz się na nią odporny dzięki zestrojeniu z Nieskończonością w tobie.
9. Na poziomie świadomości zawsze możesz odrzucić sugestie innych, koncentrując się na tym, co prawdziwe, szlachetne i miłe Bogu.
10. Nie jest bezpiecznie praktykować pismo automatyczne, jeżeli obawiasz się złych duchów, niewidzialnych istot czy przewodników z astralnego świata. Przyciągasz bowiem to, czego się boisz. Kiedy czujesz się winny, twoja podświadomość działa zgodnie z przekazaną jej sugestią i uzewnętrznia to bardzo często wulgarnym językiem, zakłócając ci spokój. W rzeczywistości jest to forma odtwarzania zawartości podświadomości.
11. Sposobem na wzniesienie się ponad przekonanie, że pozostajesz we władaniu złych istot, które nakłaniają cię do popełnienia samobójstwa czy innych rodzajów zła, jest uświadomienie sobie, że kiedy napełnisz swój umysł Boskimi prawdami, neutralizujesz wszystkie negatywne wzorce. Najskuteczniejszą pod tym wzglę-

dem modlitwą jest Psalm 91. Czytaj go spokojnie i powoli wiele razy w ciągu dnia, a wtedy pozytywne duchowe wibracje przenikną do podświadomości i oczyszczą ją. Gdy negatywne głosy zaczną oddziaływać na twój umysł, afirmuj natychmiast: „Boska miłość wypełnia moją duszę". Postępuj tak, a po chwili odzyskasz wolność.

12. Pewna kobieta – posługując się tabliczką Ouija – zadała pytanie: „Od kogo pochodzi ta wiadomość?". Odpowiedź brzmiała: „Od ciebie". Znaczy to, że to jej podświadomość posługiwała się tabliczką Ouija, dostarczając takich wiadomości, jakie były w niej zawarte. Podświadomość kierowana sugestią zaspokajała jej potrzeby. Gdyby wierzyła w duchowe istoty albo w to, że krewni, którzy odeszli, mogą się z nią skontaktować za pośrednictwem tabliczki Ouija, podświadomość dostosowując się do tych przekonań, odegrałaby rolę zmarłych krewnych.
13. Można nawet prostytutkę bez żadnego wykształcenia i wiedzy na temat religii orientalnych czy nieśmiertelności zahipnotyzować i w ten sposób uaktywnić jej zdolności pozazmysłowego postrzegania w obecności mężczyzn i kobiet, którzy się na tym znają. Kiedy ta kobieta otrzyma sugestię w rodzaju: „Jesteś teraz kapłanką w Świątyni Słońca, zaraz zrobisz nam wykład na temat filozofii Wschodu, jesteś bardzo mądra, wykształcona itd.", natychmiast przyjmie postawę mędrca i wygłosi wykład. Jej podświadomość działa zgodnie z sugestią narzuconą przez podświadome umysły wszystkich zebranych, a jej wywód jest po prostu syntezą ich wierzeń i przekonań. W transie mogłaby ona pozyskać dane pochodzące z uniwersalnej podświadomości.
14. Jest wiele samozwańczych mediów, które uzurpują sobie możliwość kontaktów z naszymi zmarłymi przebywającymi w innym wymiarze. Możesz podejść do takiego medium i podać swoje imię i poprosić o wiadomość. Medium będzie działało w przekonaniu, że jest to twoja siostra lub matka (i analogicznie brat lub ojciec), przebywająca w następnym wymiarze. Ty jednak nie masz tam

siostry ani matki. I tak otrzymasz uspokajające przesłanie pochodzące rzekomo od bliskiej ci osoby. Wszystko to jest efektem działania sugestii medium na podświadomość, która odpowiada na te pytania.

15. Są jednak niezwykłe media, które bez wątpienia otrzymują przesłania z następnego wymiaru życia, co zostało potwierdzone przez bardzo rzetelnych naukowców.
16. Jestem przekonany, że dialogi biskupa Pike'a z jego zmarłym synem, prowadzone za pośrednictwem Arthura Forda, były autentyczne.
17. Jeśli zahipnotyzujesz jakiegoś mężczyznę sugerując mu, że jest twoim bratem, a on nigdy go nie widział, nie będzie w stanie naśladować jego gestów, sposobu zachowania, dykcji czy czegokolwiek. Nie odwzoruje zachowania twego brata, bo jego podświadomość nie dysponuje żadną informacją na ten temat.

ROZDZIAŁ 16.

# Pozazmysłowe postrzeganie i dobro twoich dzieci

W Księdze Przysłów czytamy: *Nie kocha syna, kto rózgi żałuje, kto kocha go – w porę go karci* (13, 24). *Karcenia chłopcu nie żałuj, gdy rózgą uderzysz – nie umrze* (23, 13). *Rózga i karcenie udziela mądrości; chłopiec pozostawiony sobie jest wstydem dla matki* (29, 15).

Oto słowa mądrości dla współczesnych rodziców. W ostatnich czasach pozwala się robić dzieciom to, co im się żywnie podoba. Obca jest im dyscyplina czy jakieś poważniejsze wymagania ze strony rodziców. Tymczasem od każdego dziecka należy wymagać na miarę jego możliwości i rozwoju. Musisz okazać swoje niezadowolenie, gdy mały chłopiec bije swoją siostrę albo niszczy jej lalkę. Musisz dać mu do zrozumienia, że nie może tak postępować.

Dzieci potrafią być okrutne. Nie spieszy im się też do szkoły. Musisz je tam zaprowadzić i nauczyć właściwego zachowania. *Nie ma miłości bez dyscypliny ani dyscypliny bez miłości*. Należy uczyć dzieci dobrych manier, poruszania się z gracją, szacunku dla rodziców i innych autorytetów, jak również modlitwy.

*Czcij ojca swego i matkę swoją*. Jeżeli chłopiec nie czci swoich rodziców, to w jaki sposób uszanuje nauczycieli, profesorów, policjantów oraz innych ludzi reprezentujących autorytet władzy czy wiedzy? *A jednak mądrość usprawiedliwiona jest przez swe czyny*[5] (Mt 11, 19). Mądrością jest świadomość mocy Boga.

[5] W Biblii Króla Jakuba, którą cytuje J. Murphy, zamiast „czynów" są „dzieci" – przyp. tłum.

Można też mówić o czynach (dzieciach) umysłu, takich jak książki, obrazy, piosenki, filmy, budowle. Kiedy widzisz, jakie książki sprzedawane są na straganach, zdajesz sobie sprawę, że są one owocem chorych umysłów, żeby poprzestać na tym delikatnym określeniu.

Gdybyś miał głęboki szacunek dla Najwyższego Architekta, jakie obrazy byś malował? Gdybyś był zestrojony z niewysłowionym pięknem Boga, tworzyłbyś rzeczy pełne piękna. Spójrz z tej perspektywy na twórczość Michała Anioła.

*Ty go uderzysz rózgą, a od Szeolu zachowasz mu duszę* (Prz 23, 14). *Szeol* jest symbolem restrykcji, narzuconej samemu sobie niewoli, biedy i cierpienia wynikających z zatrucia swojej podświadomości nienawiścią, złością i zgorzknieniem. Jeżeli jednak dziecko uczy się właściwego znaczenia dziesięciu przykazań, *Złotej Reguły* i mądrego posługiwania się swoim umysłem, będzie wzrastać ku radości rodziców i całej społeczności.

*Rózga i karcenie udziela mądrości* (29, 15). Mądrość sprawia, że żyjesz zgodnie z Boskim porządkiem. Jesteś z natury zdolny do zestrojenia się z Nieskończoną Inteligencją w tobie i do rozwiązywania większości problemów. Życie zgodne z Boskim porządkiem to wyrażanie siebie na najwyższym poziomie i promieniowanie na innych miłością i pokojem. Będąc mądrym wiesz, że nienawidzić innych czy zazdrościć im znaczy tyle samo, co zatruwać swoją duszę i umysł i ściągać na siebie wszelkie rodzaje chorób, tak duchowych, jak i fizycznych.

Odwiedziłem kilka klubów młodzieżowych, gdzie spotkałem bardzo obiecujących młodych ludzi. Szacunek dla rodziców nie był im obcy. Starali się też przyczynić do budowy harmonii, piękna i dobrobytu w swojej Ojczyźnie. Pragnęli się rozwijać i jak najlepiej służyć innym. Zrozumieli bowiem, że najpierw muszą zmienić samych siebie i w ten sposób przyczynią się do zmiany świata. Gdy mądrość Boska znajdzie dla siebie miejsce w umysłach młodych ludzi, owocem tego będzie równowaga, harmonia, pokój, właściwe działanie i szczęście. Ucz swoje dzieci modlitwy o Boskie przewodnictwo poprzez śmiałe proklamowanie, a przekonasz się, że będą się właściwie rozwijały. Każdy z nas, nie wyłączając młodych chłopców i dziewcząt, wydaje owoce na miarę swojego myślenia i wyobraźni.

A oto, co powiedział znakomity wychowawca, William H. Thrall:

„Zdaję sobie sprawę, że jestem nieco staromodnym wychowawcą, bo nie wykluczam w swoim działaniu stosowania kar cielesnych. Bardzo dbam o to, aby być w tym względzie sprawiedliwym i w każdym wypadku wydaje się, że służy to 'zainteresowanemu' uczniowi.

Wielu liberalnych rodziców zamartwia się na wieść, że ich córki zachodzą w ciążę nie mając mężów, że dzieci biorą narkotyki, co częstokroć prowadzi do śmierci. Patrzę na to ze smutkiem. Wiem, że w wielu przypadkach mądra kara fizyczna i właściwa religijna atmosfera mogłaby zapobiec tragedii.

Kary cielesne i religia to podstawy brytyjskiego systemu szkolnictwa. Gdy pracowałem w Wielkiej Brytanii, nie spotkałem hippisów, młodzieży lumpiarsko ubranej, narkomanii czy też braku szacunku dla autorytetów".

## Należała mu się kara

• Pewien jedenastolatek miał w szkole poważne kłopoty. Był wulgarny wobec nauczycieli i okradał kolegów, za co ojciec bił go pasem. Pewnego dnia ojciec wyznał mu: „Synu, bardzo mi przykro. Nie powinienem był cię bić". „Zasłużyłem na to – wyjaśnił później chłopiec – więc nie rozumiem, dlaczego było mu przykro".

Chłopak ten wiedział, że zachowywał się niewłaściwie i należała mu się kara. Ojciec – jego zdaniem – nie powinien czuć się winnym. Przypuśćmy jednak, iż ojciec uznał, że syn zacznie go nienawidzić, jeśli będzie go dalej tak traktował. Trzeba jednak dostrzec w takim postępowaniu ojca troskę o dobro syna. Poprzez karanie okazywał mu swoją miłość, ponieważ pragnął, aby syn stawał się uczciwym i ambitnym uczniem. Żaden chłopiec nie kwestionuje kary, jeśli wie, że na nią zasługuje.

Mógłbym jedynie dodać, że gdy ojciec czy matka dyscyplinują swoje dziecko, czynią to z miłości, jakby mówili: „Kocham cię. Zależy mi na twoim dobru. Pragnę, abyś wyrósł na sprawiedliwego, uczciwego i wolnego człowieka; na człowieka, którego będą szanować sąsiedzi, współpracownicy ze względu na jego wkład w dobro społeczeństwa. Staram się teraz pomóc ci w nauce właściwego postępowania, ponieważ któregoś dnia odejdę z tego świata i nie będę mógł w żaden sposób ci doradzić. Pamiętaj, jeżeli będziesz oszukiwał, rabował i obrażał innych, ludzie ci nie przebaczą i przekonasz się, że zostaniesz ukarany za swoje złe czyny".

## Gorzkie owoce pobłażliwości

• Pobłażliwi rodzice nie rozumieją tak naprawdę reguł działania umysłu. Dzieci uczą się, obserwując ich. Rodzice powinni kontrolować swoje dzieci, mówić im o Bogu i ukrytej w nich mocy w sposób dostosowany do ich możliwości rozumienia. Nie należy nigdy pozwalać dzieciom, aby robiły to, co chcą, ale trzeba je uczyć życia zgodnego ze *Złotą Regułą* oraz myśleć, mówić i działać wobec innych tak, jak by chciały, żeby inni postępowali wobec nich. Gdy rodzice nie wymagają od swoich dzieci i gdy nie gwarantują im odpowiedniego przewodnictwa, dzieciom brak właściwej samooceny, poczucia bezpieczeństwa i samokontroli. Rodzice muszą zdobyć u nich szacunek poprzez miłość i mądre działanie. Gdy tak się dzieje, w dzieciach wzrasta zaufanie do siebie, poczucie równowagi i samokontroli. Mądrzy rodzice potrafią uzasadnić swoim dzieciom, dlaczego ich polecenia są właściwe. Potrafią jasno wytłumaczyć swoim dzieciom, że ich polecenia służą ich dobru.

## Autorytaryzm też nie jest dobry

• Ostatnio rozmawiałem z osiemnastoletnią dziewczyną, która usłyszała od swej matki takie oto słowa: „Trzymaj się z dala od wszystkich chłopców. Seks jest zły, a mężczyźni to bestie – tak jak twój ojciec. Nie wolno ci używać szminki czy innych kosmetyków, bo one pochodzą od diabła. Nie wolno ci tańczyć ani chodzić do kina, bo to wszystko jest grzeszne. Musisz robić wszystko, co nakazuje ci nasza religia. W przeciwnym razie zostaniesz wrzucona do jeziora ognia...".

Z tym swoim „nie wolno" matka była dla niej jak Hitler. Dziewczyna była zalękniona, sfrustrowana, pełna nienawiści i niezadowolona. Matka wtłoczyła jej przekonanie o braku wartości, w wyniku czego dziewczyna cierpiała na kompleks niższości. Pochodziła z Nowej Anglii i, jak zapewne przypuszczasz, uciekła z domu.

Pierwszą rzeczą, jaką jej musiałem uświadomić, było to, że istnieje tylko jedna Moc i Obecność oraz... że jest ona w niej. Potem przekonałem ją, że powinna skontaktować się z Najwyższą Inteligencją, która odpowie na prośby i poprowadzi ją, w wyniku czego jej życie ulegnie przemianie, o jakiej nawet nie śniła.

## Specjalna modlitwa

- A oto modlitwa, którą jej zaproponowałem:

> Jestem przez ludzi kochana, jestem im potrzebna i jestem przez nich doceniana. Wybaczam sobie podtrzymywanie negatywnych myśli na swój temat. Wybaczam również z całego serca mojej mamie. Kiedykolwiek o niej myślę, afirmuję: „Boska miłość wypełnia twoją duszę". Żyję w pokoju, jestem radosna, szczęśliwa i wolna. Pracuję na swoje utrzymanie i dobrze zarabiam. Wiem, że w miarę powtarzania tych przekonań wnikają one w moją podświadomość i zgodnie z prawami umysłu uzewnętrzniają się w moim życiu.

Takie myślenie stało się nieodłączną częścią jej życia, które – jak można było przypuszczać – po pewnym czasie uległo gruntowniej przemianie. Dostała bardzo dobrą posadę w pewnym biurze i cieszy się życiem.

## „Dlaczego moi rodzice nie są szczęśliwi?”

• Na życzenie rodziców przyszła do mnie czternastoletnia dziewczyna. Miała bardzo słabe wyniki w nauce. Nie cierpiała niektórych przedmiotów, zaś jej wychowawca powiedział, że powinna się bardziej starać, bo nie wykazuje żadnego zainteresowania nauką i nie ma motywacji. Dziewczyna wyznała mi, że przypuszcza, iż jej rodzice zamierzają się rozwieść, ponieważ często się kłócą, wypominając sobie wszystkie złe rzeczy. Na końcu zapytała: „Dlaczego moi rodzice nie są szczęśliwi?”.

W rozmowie z nimi stwierdziłem, że nic nie musi się zmienić w ich życiu poza... nimi samymi i że problemy dziewczyny mają związek z napięciem, jakie jest pomiędzy nimi. Poddana jest bowiem nieustannej presji, będąc świadkiem ich negatywnych relacji. Małżonkowie ci zdecydowali się poświęcić pięć czy sześć minut każdego dnia na rozważanie niektórych psalmów (1, 23, 27, 91, 100). Po medytacji nad jednym z nich każdego ranka kontemplowali obecność Boga w ich córce głosząc, że mądrość, harmonia i piękno Nieskończoności rodzą się w niej i wzrastają. Oboje wyobrażali sobie również, jak nauczyciel mówi o jej sukcesach w szkole. Wyobrażali sobie, jak córka się śmieje i promieniuje szczęściem.

Minął miesiąc, a dziewczyna stała się jedną z najlepszych uczennic w szkole. Jej sukcesy sprawiły, że rodzice byli bardzo szczęśliwi. Ten przykład powinien uzmysłowić wszystkim rodzicom, że dzieci kształtowane są na wzór dominującej idei i w ich domu. Jeżeli rodzice kontemplują boską Obecność w swoich dzieciach, one nie będą się lękać i nie stracą zaufania do samych siebie. Rodzice, którzy żyją ze świadomością Boskiej Obecności każdego dnia, proklamując harmonię, pokój, szczęście, inspirację i przewodnictwo, sprawiają, że taka duchowa atmosfera zostanie odzwierciedlona w podświadomości ich dzieci.

## Miej świadomość mocy swoich słów

• Rodzicom nie wolno mówić do dzieci: „Nigdy niczego nie osiągniesz. Jesteś zbyt tępy" i tak dalej. Wszystkie te słowa są wyrażonymi myślami, w związku z czym umysły chłopców czy dziewcząt, z natury podatne na sugestię, przyjmą je jako prawdziwe. Dzieci podświadomie akceptują te myśli i dążą do ich urzeczywistnienia. Mały chłopiec zaczyna więc myśleć, że jest głupi, podczas gdy w rzeczywistości jest zupełnie inaczej. Bardzo często działa on zgodnie z tymi wzorcami, sprawiając rodzicom i wychowawcom kłopoty. Nie ma sensu mówić chłopcu, że jest głupi, jeżeli czegoś nie rozumie. Jedyne, co trzeba zrobić, to wytłumaczyć mu to.

Nie ma sensu zżymać się na brudną wodę w wiadrze. Lepszym rozwiązaniem jest wlewanie do niego czystej wody – nawet tylko kropla po kropli. Po jakimś czasie będziesz miał wiadro czystej wody. Podobnie i rodzice powinni w prosty sposób uczyć dzieci, że Bóg jest mądry, że zna wszystkie rzeczy i że zawsze odpowie na ich modlitwę. Ucz swoje dzieci, aby prosiły Boga o powodzenie w nauce, ucz je ufać, że Bóg rozwiąże każdy ich problem. Młody człowiek łatwo zrozumie, że Bóg jest Zasadą Życia.

Pewien dwunastoletni chłopiec, który regularnie uczęszcza na moje wykłady w niedzielne poranki, powiedział kiedyś do matki: „Mamo, wiem już, gdzie jest Bóg. Bóg jest we mnie. Nie mogę Go widzieć, lecz mogę odczuwać miłość, radość, szczęście oraz to, że Bóg mną porusza. Tak jak nie mogę widzieć wiatru, ale czuję jego powiew na mojej twarzy". Jest wiele sposobów nauczania dzieci na temat Boskiej Obecności w nich – na przykład: słuchając symfonii, nie widzisz orkiestry, włączając światło, nie widzisz elektryczności.

## Boska Obecność w twoim domu

• Módl się regularnie z dziećmi rano i wieczorem. Ucz je dziękować w czasie posiłku i przypominaj im często, że Bóg stworzył wszystkie rzeczy: gwiazdy, słońce, księżyc i cały świat, i że gdy kochają się wzajemnie, odzwierciedlają Boską miłość. Ucz ich, że Bóg jest Nieskończoną Uzdrowicielską Obecnością, która uzdrawia rany na ich palcu i daje im nową skórę, gdy się oparzą.

Dzieciom chodzącym do szkoły wyjaśniam, że jeśli będą stosowały pewną prostą praktykę każdego wieczoru, Boska Obecność będzie im towarzyszyć podczas nauki i łatwo zdadzą wszystkie egzaminy. A oto prosta modlitwa, którą odmawia wiele dzieci chodzących do szkoły każdego dnia przed spoczynkiem:

> Boska Obecność towarzyszy mi w nauce i wszystko doskonale pamiętam. Zdaję bez trudności wszystkie egzaminy. Z uwagą rozwiązuję zadane ćwiczenia i wiem, że moja podświadomość ujawni przede mną odpowiedzi, gdy ich będę potrzebował. Zasypiam w pokoju i budzę się z radością.

Naucz takiej modlitwy twoje dziecko i wyjaśnij mu, że te proste prawdy, gdy są regularnie powtarzane przez pięć czy sześć minut tuż przed snem, zapadną mocno w ich podświadomość, która jest zbiornikiem pamięci, zaś to wszystko, co zostanie zapisane w podświadomości, urzeczywistni się w życiu. Innymi słowy, przekonaj je, że będzie sobie dobrze radzić z wszystkimi egzaminami zgodnie z naturą podświadomości, która wszystko, co jest w niej zawarte, doprowadza do urzeczywistnienia.

## Bóg pomaga dwunastolatce

• Moja bratanica pobierająca nauki w pewnym klasztorze w Anglii napisała do mnie, że gdy opiekująca się nią siostra powiedziała jej, że powinna więcej się starać niż dotychczas, ona zdecydowała się rozwiązać ten problem z Boską pomocą. Jej modlitwa była bardzo prosta i praktyczna, a wyglądała mniej więcej tak: „Boże, Ty jesteś Mądrością. Poprowadź mnie i pokaż mi, w jaki sposób mogłabym robić wszystko jak najlepiej. Dzięki Ci, Boże". Spodziewała się odpowiedzi i otrzymała ją, a teraz jest jedną z lepszych uczennic. Cenią ją nauczyciele, a także koleżanki i koledzy.

Nie zapominaj o tym, że do natury Najwyższej Inteligencji w tobie należy odpowiadanie na twoje potrzeby i że prosta modlitwa płynąca z serca zawsze będzie wysłuchana. Mówienie dzieciom o Boskiej Obecności i Boskiej Mocy jest tak samo niezbędne jak zapewnienie im dostatecznej ilości witamin czy ubrania.

## ZADANIA DLA RODZICÓW I DZIECI

• Rodzice powinni pamiętać, że mogą się podzielić ze swymi dziećmi tym, co przechowują w swych umysłach. Z tego powodu powinni uczyć się praw umysłu i dróg Nieskończonej Inteligencji. Niech te słowa wyrażają twoje życiowe *credo*:

> Bóg istnieje i wszystko jest Bogiem. Bóg jest Żywym Duchem, Zasadą Życia w każdej istocie. Bóg nas kocha i troszczy się o nas. Bóg zajmuje pierwsze miejsce w naszym życiu. Gdy zwracamy się do Nieskończonej Obecności i Mocy w nas i głosimy harmonię, pokój, obfitość, mądrość, właściwe działanie i piękno, w naszym życiu dzieją się cuda.
>
> Każdego ranka, gdy otwieramy oczy, dziękujemy Bogu za nowy dzień i za niezwykłe możliwości, jakie możemy realizować. Każdego wieczoru przed spoczynkiem mówimy: „Zasypiamy w pokoju i budzimy się z radością, żyjąc nieustannie w Boskiej Obecności. Bóg swoich umiłowanych obdarowuje nawet we śnie".

Powyższa modlitwa, recytowana regularnie i z zaangażowaniem przez rodziców w obecności dzieci, wskrzesi i ożywi te prawdy spoczywające w podświadomości wszystkich. Dzieci wzrastać będą w mądrości, prawdzie i pięknie. Sprawdzi się też starodawne powiedzenie, że jedynym sensem naszego istnienia jest wychwalać Boga i cieszyć się Nim na wieki.

## ZAPAMIĘTAJ

1. Każde dziecko potrzebuje dyscypliny i kierownictwa. Musisz okazać swoje niezadowolenie, gdy dziecko nie stosuje się do uniwersalnych standardów w szkole, w domu i gdziekolwiek przebywa. *Nie ma miłości bez dyscypliny i dyscypliny bez miłości.*
2. *Szeol* jest symbolem wszelkich negatywnych odczuć i doświadczeń, które są owocem zatrucia podświadomości nienawiścią, złością i zgorzknieniem. Jeżeli dziecko uczy się właściwego znaczenia dziesięciu przykazań, *Złotej Reguły* i mądrego posługiwania się swoim umysłem, będzie wzrastać ku radości rodziców i całej społeczności.
3. *Mądrość usprawiedliwiona jest przez swe czyny*. Wszystkie książki, nagrania, obrazy itp. odzwierciedlają stany świadomości ich twórców.
4. Kiedy dziecku tłumaczy się prawdziwe znaczenie dziesięciu przykazań i złotej reguły, ono włącza te prawdy w swój światopogląd, a następnie realizuje w swoim życiu zgodnie z Boskim porządkiem.
5. Dziecko pozbawione duchowego przewodnictwa nie wyrośnie na dobrego i szczęśliwego człowieka.
6. Dzieci odzwierciedlają mądrość swych rodziców.
7. Dzieci wiedzą, kiedy zasługują na karę, zatem gdy ojciec słusznie karze swojego syna, okazuje mu miłość, troszcząc się o jego dobro w przyszłości.
8. Gdy rodzice regularnie kontemplują Boską Obecność w dzieciach, głosząc mądrość, inteligencję i harmonię, wartości te wyrażają się w życiu ich potomstwa.

9. Liberalni rodzice, którzy nie wymagają niczego od swoich dzieci, pozwalają tym samym na to, aby wzrastały one w braku poczucia własnej wartości, bezpieczeństwa i samokontroli. Bardzo często takie dzieci są egoistami.
10. Rodzice, którzy się kłócą i okazują sobie negatywne uczucia, przekazują podświadomie te negatywne wibracje swoim dzieciom, które z kolei czują się winne (z powodu tego, co się dzieje) i niekochane. To zaniżone przekonanie o własnej wartości znajduje swój wyraz w braku zainteresowaniu nauką, a nawet w jakichś czynach zabronionych przez prawo.
11. Dzieci już w wieku kilku lat mogą mieć świadomość Obecności Boga. Powinieneś im tłumaczyć, że Bóg jest ich umysłem i życiem, że Bóg patrzy na nie, gdy śpią, że ich uzdrawia i prowadzi w trakcie nauki. Mały chłopiec czy dziewczynka rozumie, że nie może widzieć wiatru, a jednak czuje jego powiew na twarzy. Podobnie może czuć miłość pochodzącą od Boga.
12. Chłopcy i dziewczęta chodzący do szkoły mogą nawiązać kontakt z Nieskończoną Inteligencją w nich poprzez afirmację przez pięć czy sześć minut każdego wieczoru: „Nieskończona Inteligencja prowadzi mnie w czasie nauki sprawiając, że mam doskonałą pamięć. Zdaję wszystkie egzaminy zgodnie z Boskim porządkiem". Dzieci te doświadczają rezultatów, które sobie wcześniej wyobrażają.
13. Dwunastoletnia dziewczynka zwraca się do Boga i otrzymuje od Niego pomoc. Dzięki temu osiąga w szkole sukcesy.

ROZDZIAŁ 17.

# Pozazmysłowa percepcja i realizacja marzeń

Dobrze jest mieć jakieś marzenie, jakiś ważny cel. Musisz jednak znaleźć fundament, na którym możesz oprzeć swe działania, w przeciwnym bowiem razie skończy się na pustym i bezużytecznym fantazjowaniu, które pochłonie twoją duchową energię. Jest na świecie wiele osób, które nie wiedzą, dokąd zmierzają i nie są w stanie wznieść się ponad swoje marzenia z dzieciństwa. Takie marzenia wcześniej czy później zostaną skonfrontowane z twardą rzeczywistością i stąd konieczność odwołania się do pozazmysłowej percepcji.

## Marzenie urzeczywistnione z pomocą podświadomości

• Kilka miesięcy temu rozmawiałem z pewną młodą kobietą z Las Vegas. Odwiedziła mnie, aby mi opowiedzieć, w jaki sposób doprowadziła do zrealizowania swojego marzenia. Podczas naszego pierwszego spotkania zwierzyła mi się, że nieustannie marzy o tym, aby stać się gwiazdą filmową, z limuzyną, szoferem, kamerdynerem i pokojówkami. Zaznaczyła przy tym, że nie ma talentu aktorskiego. Była to kobieta niedojrzała emocjonalnie, pozostająca na poziomie swoich dziecięcych marzeń o dorosłym życiu pop-gwiazdy. Miała za sobą wiele romansów. Każdy z jej przelotnych partnerów deklarował pomoc w realizacji tego marzenia, ale zdążyła zrozumieć, że była tylko ich zabawką. I tak stała się osobą sfrustrowaną i rozczarowaną.

Zasugerowałem jej, żeby wykorzystała w pełni te talenty, które na pewno posiada. Bardzo dobrze pisała na maszynie, była też doskonałą stenotypistką. W czasie pierwszego spotkania starałem się jej uświadomić, żeby zaczęła stąpać po ziemi, żeby była bardziej praktyczna i przestała myśleć o niebieskich migdałkach. Zasugerowałem jej, żeby afirmowała w następujący sposób: „Nieskończona Inteligencja otworzy mi drzwi do pełnej ekspresji, pozwalając wykorzystać moje talenty w niezwykły sposób. Proklamuję, że jestem kochana i doceniana przez wspaniałego męża. Pomagam mu odnieść sukces na miarę mych możliwości". Wyjaśniłem jej, że jeżeli będzie powtarzać te afirmacje, to wypełnią one jej podświadomość, a ona już zadba oto, żeby te treści urzeczywistniły się w jej życiu.

## Wyraźny impuls

• Kobieta ta poszła później na spotkanie towarzyskie w Las Vegas i tam trafiła na profesora anglistyki, który zaproponował jej pracę w charakterze sekretarki. Teraz jest jego żoną. Oboje są bardzo szczęśliwi. Impuls, który ją skłonił do pójścia na to spotkanie, był bardzo silny i wyraźny. Poszła więc, choć wcześniej wyrzuciła zaproszenie do kosza. Mądrość jej podświadomego umysłu wiedziała, jak urzeczywistnić jej marzenia. Teraz nie buduje już zamków na piasku, ponieważ nauczyła się tworzyć swoje szczęście na twardym fundamencie.

## Dave i jego wspólnota

• Dave, jeden z moich starych przyjaciół, stoi na czele tętniącej życiem wspólnoty. Pewnego niedzielnego poranka wiele lat temu przyszedł na jeden z moich wykładów w Wilshire Ebell Theatre w Los Angeles. Był bardzo zainteresowany nauczaniem i wkrótce potem stanął na czele wspólnoty parafialnej, o której myślał od wielu lat. Dave był z wykształcenia muzykiem, lecz dotychczasowa gra w operze nie dawała mu wystarczającej satysfakcji.

Ponieważ był entuzjastą poznawania wewnętrznego znaczenia Biblii i badań nad działaniem podświadomości, pomyślałem, że z pewnością odniósłby sukces na polu działalności duszpasterskiej. Idea ta wywołała rezonans w jego podświadomości, w wyniku czego podjął pięcioletnie studia, po których został jednym z pastorów Nauki Religijnej. Odniósł natychmiastowy sukces z prostego powodu: robi to, co kocha. Z czasem przejął jeden z najpiękniejszych kościołów w stanie po rezygnacji poprzedniego proboszcza. Prowadzi teraz różne programy dla młodzieży, szkolenia na temat Nauki Umysłu i wykłady w niedzielne poranki. Jego wspólnota rozwija się bardzo dynamicznie. Dave powiedział mi, że nigdy w życiu nie był tak szczęśliwy.

## Technika, na której się oparł

• Zanim podjął swą posługę, każdego wieczoru bezpośrednio przed snem siadał w skupieniu i wyobrażał sobie, że stoi przy pulpicie i wyjaśnia wielkie prawdy Boże wyimaginowanej publiczności. Tak wyraźnie odczuwał realność tej sytuacji, że tuż przed święceniami powiedział do mnie: „Jestem absolutnie pewien, że będę miał własny kościół i będę pastorem. Czuję to. Widziałem ten kościół i całą wspólnotę ponad sto razy". Wszystko to się spełniło, potwierdzając rację Thoreau, który wiele lat temu powiedział: „Jeżeli jakiś człowiek będzie podtrzymywał w swoim umyśle obraz tego, co chce robić, Boska Moc sprawi, że stanie się to faktem".

Również i ty możesz znaleźć solidny fundament budowy tego, czego pragnie twoje serce. Dave powiedział mi, iż uświadamia swoim studentom, że budowle wzniesione bez podstawowej wiedzy na temat działania podświadomości są równie trwałe jak postać ukształtowana z dymu.

## Pozazmysłowa percepcja przyniosła mu fortunę

• Opowiem teraz o bardzo interesującym mężczyźnie, z którym utrzymywałem telefoniczny i listowny kontakt przez jakiś czas. Udzieliłem mu kiedyś rady przez telefon i oto, co nastąpiło później. Człowiek ten miał bogatego ojca mieszkającego na wschodzie kraju. Ojciec bezwzględnie narzucał mu swoją wolę. Domagał się między innymi, aby przyjął te same standardy postępowania w prowadzeniu interesów. Ów mężczyzna nienawidził swego ojca. Zaczął go nawet atakować, publikując zjadliwe artykuły na temat wielkiego biznesu. Co więcej, wrócił na Wschód i prezentował komunistyczne idee w klubie, do którego należał ojciec, bo wiedział, że to go rozwścieczy. Pragnął w ten sposób odpowiedzieć na działania ojca wobec niego. Tymczasem wskutek tej nienawiści i stłumionej wściekłości, a także z powodu poczucia winy zaczął pić, popadając w alkoholizm. Dopadła go również choroba wrzodowa, nie mówiąc już o wysokim ciśnieniu krwi. I tak stanął na skraju przepaści.

Moje wyjaśnienie (przez telefon) przyczyn jego zachowania przyniosło siedemdziesiąt pięć procent uzdrowienia. Zrozumiał bowiem, że był niedojrzały emocjonalnie i pił alkohol, żeby zagłuszyć swoje poczucie winy, tak jak ktoś inny sięga po aspirynę, gdy boli go głowa. Ostatecznie zrozumiał jednak, że próbując zniszczyć ideały swego ojca, niszczy samego siebie. Zdecydował się wreszcie zmienić swoje nastawienie dzięki afirmatywnej modlitwie.

Afirmował więc często (i na głos) w ciągu dnia: „Powierzam Bogu mojego ojca. Życzę mu zdrowia, pokoju, sukcesów i wszelkich błogosławieństw życia. Kiedykolwiek o nim myślę, natychmiast afirmuję: 'Wybaczyłem ci. Niech Boży pokój wypełni twoją duszę'. Bóg mnie prowadzi. Postępuję zgodnie z Jego prawem. Boska miłość i pokój wypełniają moją duszę. Moim pokarmem są obecne we mnie Boskie idee, które dają mi zdrowie i pokój. Bóg myśli, mówi i działa przeze mnie, a ja mogę wzrastać we wszystkich wymiarach życia.

Powtarzał te prawdy często i głośno, co uchroniło go przed zbłądzeniem. Gdy jakieś negatywne myśli nawiedzały jego umysł, natychmiast afirmował: „Bóg mnie kocha i troszczy się o mnie". Po kilku tygodniach jego życie uległo głębokiej przemianie.

## Mentalny film

• Każdego wieczoru, będąc w stanie pełnego relaksu, przez jakieś dziesięć minut wyobrażał sobie, jak stoję przed nim i gratuluję mu uwolnienia się od alkoholizmu. I tak, gdy tylko przychodziła mu ochota na kieliszek, natychmiast włączał ten mentalny film wiedząc, że wspiera go Najwyższa Moc. Całkowite uwolnienie się od przymusu picia zajęło mu zaledwie kilka tygodni. Nowe nastawienie do rzeczywistości pociągnęło za sobą zmiany w jego życiu. Obecnie, trzy miesiące później, w czasie obiadu, który jadłem z nim w Las Vegas, oznajmił mi, iż jego biznes dobrze się rozwija i wart jest już ponad dwieście tysięcy dolarów. Pozazmysłowa percepcja uczyniła go zdolnym do skorygowania życia i podjęcia decyzji, dzięki którym mógł zarobić fortunę.

## Nerwowy tik rujnował jego karierę

• W czasie podróży do Meksyku, gdy zwiedzałem słynne piramidy, spotkałem pewnego pastora, który cierpiał z powodu nieznośnego i upokarzającego tiku nerwowego. Przyjmowane w tym celu zastrzyki pomagały na krótko – po kilku miesiącach tik pojawiał się znowu. Sytuacja stawała się nieprzyjemna zwłaszcza wtedy, gdy mężczyzna ten przemawiał do swojej wspólnoty czy na spotkaniach towarzyskich. Nie mógł wtedy uwolnić się od uczucia zażenowania.

Podczas dość długiej rozmowy zauważyłem, że jest głęboko zraniony i ma poczucie winy, które w ten sposób znalazło swój zewnętrzny wyraz. Tik ten związany był z jego prawym okiem, co mogło symbolizować coś, czego nie chciał dostrzec w swoim domu czy biurze. Oto powód, dla którego jego podświadomość wybrała właśnie twarz i prawe oko, aby ten fakt wyrazić. Ta sytuacja wymagała odwołania się do jego pozazmysłowego postrzegania, aby rozpoznać, jak powinien sobie z tym poradzić.

Mężczyzna przyznał, że nie wierzy w to, czego naucza – i ten właśnie fakt wywołał w nim poczucie winy. Nie zdecydował się jednak zrezygnować ze swojej posługi, ponieważ obawiał się, że inaczej nie będzie w stanie zarobić na życie. Żywił głęboką urazę do swoich współpracowników, którzy krytykowali go, gdy odchodził od standardów przyjętych w tej wspólnocie. Całe to napięcie zostało przez jego podświadomość przekonwertowane we wspomniany tik. Dolegliwość ta w pewien sposób kompensowała mu nieuczciwość wobec tych, którym nie powiedział, że już nie wierzy w dogmaty swojego Kościoła.

Wszystko to szczerze mi wyznał, zaś ja zasugerowałem mu, żeby zaraz w pierwszą niedzielę po powrocie z wakacji uczciwie zakomunikował swojej kongregacji, że rezygnuje z funkcji, ponieważ nie wierzy już w to, czego naucza. Zrozumiał bowiem, że wiara w jedno, a nauczanie drugiego generuje bardzo poważny konflikt w umyśle, którego rezultatem jest zakłócenie w działaniu organizmu.

Wyjaśnił to wszystkim zainteresowanym, a potem zrezygnował ze swej funkcji. W liście do mnie napisał: „Doświadczyłem głębokiego pokoju ducha. Oto afirmacja, którą ciągle powtarzam: 'Ty ścieżkę życia mi ukażesz'. Dodam jeszcze, że jeden z moich niegdysiejszych współpracowników zaproponował mi stanowisko dyrektora personalnego w swojej organizacji i tam znalazłem szczęście". Dodał także: „Prawdą jest to, co powiedziałeś – często wyjaśnienie pociąga za sobą uzdrowienie".

Jeśli masz jakiś problem – mentalny, fizyczny czy emocjonalny – zapytaj samego siebie: „Przed czym uciekam? Z czym nie chcę się zmierzyć? Czy zamierzam swoje rozczarowanie i nienawiść zwrócić ku samemu sobie?". Zmierz się z problemem i rozwiąż go dzięki duchowemu wglądowi w świetle Boskiej miłości.

## Nie musiała być samotna

• Zdarzyło mi się kiedyś prowadzić seminarium na morzu na statku „Princess Carla", który zawinął do kilku portów w Meksyku. Poza codziennymi wykładami nie unikałem indywidualnych spotkań. Pewnego dnia zagadnęła mnie pewna młoda kobieta z Nowego Jorku, choć nie należała do naszej grupy, a przeczytała wcześniej *Potęgę podświadomości*. Jej problem polegał na tym, że zawsze przyciągała do siebie niewłaściwych mężczyzn. Byli to albo panowie już żonaci, albo alkoholicy, albo jacyś maniacy seksualni. I tak zamknęła się w sobie, lękając się życia. Zadałem jej bardzo proste pytanie: „Co cię zżera wewnątrz?" dodając, że jest to to, o co kahun (hawajski szaman) zawsze pyta osobę przychodzącą do niego w poszukiwaniu uzdrowienia. Ona natychmiast wypaliła: „Nienawidzę mojej matki. Gdy mój brat umarł na szkarlatynę, ona zapytała: 'Dlaczego on, a nie ty?'".

Dla wrażliwego umysłu trzynastolatki było to wielki szok. Matka w wyniku nieopisanego bólu bez wątpienia nie zdawała sobie sprawy z tego, co powiedziała, robiąc dziewczynie wyrzut, że przeżyła brata. Ta bardzo atrakcyjna dziś młoda kobieta spotkała na swej drodze wielu mężczyzn, lecz w stosunku do każdego była bardzo krytyczna. Kierowała się czymś, co można by nazwać kompleksem odrzucenia, ponieważ żyła w przekonaniu, że nie może być kochana. Spodziewała się odrzucenia, nie zdając sobie sprawy z tego, że to, co wewnętrznie przeżywa, zawsze będzie się manifestowało na zewnątrz. A tak naprawdę to marzyła o bliskiej relacji – chciała być kochaną. Jej podświadomy konflikt ciągle się odnawiał przez wspominanie tej bolesnej uwagi: „Dlaczego on, a nie ty?”.

Długo rozmawialiśmy w mojej kabinie. Podczas tej rozmowy zdołałem ją przekonać, że przeszłość ma już za sobą i nic poza chwilą obecną nie ma znaczenia. Przypomniałem jej także, że jedyną rzeczą, której ma dokonać, to zmienić swoje obecne myślenie i wytrwać w tym nowym nastawieniu, a przyszłość będzie doskonałą projekcją nowego sposobu myślenia opartego na założeniu, że to wszystko, co zasiejemy w ogrodzie umysłu, wyda owoce w naszym doświadczeniu. Napisałem jej też afirmację, przypominając, żeby nigdy nie zaprzeczała temu, co afirmuje. Oto treść tej afirmacji:

> Wiem, że przeszłość jest martwa, i wszystko, co mam do zrobienia, to wypełnić moją podświadomość pozytywnymi wzorcami, w wyniku czego negatywne myśli i nawyki zostaną usunięte. Głoszę teraz, że prowadzi mnie Nieskończona Inteligencja i Boska miłość wypełnia moją duszę. Bóg mnie inspiruje i oświeca, wskazując na ukryte we mnie talenty. Promieniuję miłością, pokojem i życzliwością na wszystkich wokół siebie. Mam wiele do zaofiarowania wybranemu mężczyźnie. Jestem uczciwa i szczera. Potrafię kochać i podziwiać mężczyznę, który ceni wartości duchowe. Jestem oszczędna i gospodarna. Potrafię zbudować związ-

zek z mężczyzną, który również jest kochający i życzliwy. Gdy myślę o mojej matce, błogosławię jej. Wierzę, że w następnym wymiarze życia porusza się naprzód, wzwyż, do Boga. Wybaczam sobie podtrzymywanie myśli pełnych żalu i wiem, że Bóg kocha mnie i troszczy się o mnie. Gdy odradzają się moje skłonności do samokrytyki, natychmiast afirmuję: „Bóg mnie kocha i troszczy się o mnie".

Byłem mile zaskoczony, gdy przyszła na mój wykład kilka tygodni temu i przedstawiła mnie swojemu mężowi, emerytowanemu kapitanowi Marynarki Brytyjskiej. Są ze sobą bardzo szczęśliwi, a obecnie podróżują dookoła świata, co zajmie im jakieś osiem miesięcy. Wyrzuciła ze swej podświadomości wszystkie negatywne przekonania. Jak zauważyła, jedna godzina samopoznania odmieniła całe jej życie. Twoje życie również może się zmienić w mgnieniu oka!

## ZAPAMIĘTAJ

1. Warto mieć marzenia. Trzeba jednak szukać dla nich mocnych fundamentów, bo w przeciwnym razie wszystko skończy się na pustym, bezowocnym fantazjowaniu.
2. Przyjrzyj się swoim talentom, oceń swoje możliwości i zacznij w tym punkcie. Potem uświadom sobie, że Bóg prowadzi cię na drodze ekspresji. Odpowiedź wyłoni się z twej podświadomości, a ty rozpoznasz ten impuls, bo będzie bardzo wyraźny.
3. Jeżeli przechowujesz w swym umyśle obraz tego, kim chciałbyś być i co chciałbyś robić, twoja podświadomość urzeczywistni tę wizję. Jeżeli przylgniesz z wiarą do tego obrazu, wcześniej czy później staniesz się tym, o kim marzyłeś.
4. Nie niszcz samego siebie, szukając odwetu na innych. Powierz ich Bogu, życząc im wszelkich błogosławieństw życia. Jeżeli jesteś

alkoholikiem, wybacz sobie podtrzymywanie negatywnych myśli i wyobraź sobie, jak przyjaciele gratulują ci uwolnienia się od nałogu. W miarę jak będziesz oglądał ten mentalny film, twoja podświadomość napełni się jego treścią, w wyniku czego stracisz jakikolwiek pociąg do alkoholu. W działanie podświadomości jest wpisany pewnego rodzaju przymus, w związku z czym to, co się w niej znajdzie, zostanie urzeczywistnione w twoim życiu. Możesz kontrolować swoje skłonności z pomocą pozazmysłowego postrzegania.

5. Tik nerwowy może być skutkiem ukrytego głęboko poczucia winy. Trzeba więc zmierzyć się z nim i być uczciwym wobec samego siebie, czyli zerwać z rozdźwiękiem pomiędzy tym, w co się wierzy i czego naucza się innych. Proklamuj, że Nieskończona Inteligencja otwiera przed tobą nowe drzwi ekspresji i odpowie na twoje potrzeby zgodnie z Boskim porządkiem, co przyniesie ci upragnione zdrowie.
6. Gdy kobieta nienawidzi swojej matki i rozpatruje dawne rany, będzie przyciągać do siebie niewłaściwych mężczyzn. Musi więc uświadomić sobie, że przeszłość jest martwa – nie istnieje nic poza chwilą obecną. Zmieniając sposób myślenia, ukształtuje swoją przyszłość, ponieważ będzie ona zwykłym urzeczywistnieniem jej obecnych myśli.

ROZDZIAŁ 18.

# Pozazmysłowa percepcja i kwestia reinkarnacji

Emerson powiedział kiedyś: „Istnieje tylko jeden umysł i jest on wspólny dla wszystkich pojedynczych osób. Umysł każdego człowieka jest częścią tej wielkiej całości i każdy inny umysł jest z nim złączony. Ten, kto raz poznał prawa umysłu, staje się zarządcą całości. Może on myśleć tak, jak myślał Platon; może czuć to, co odczuwał święty; może też rozumieć to, co przytrafia się człowiekowi w każdym czasie. Ten, kto ma dostęp do tego uniwersalnego umysłu, stanowi część tego wszystkiego, co jest lub może być uczynione, gdyż jest on jedynym istnieniem".

Z tego wynika, że twoja podświadomość, która jest zjednoczona z uniwersalną podświadomością (całego rodzaju ludzkiego), ma pamięć wszystkiego, co wydarzyło się w całym procesie ewolucji człowieka zarówno w wymiarze fizycznym, jak i psychicznym. Wszystkie języki, jakimi do tej pory posługiwali się ludzie, wszystkie muzyczne utwory świata, a także wszystkie odkrycia, wynalazki i doświadczenia poszczególnych jednostek zostały zapisane trwale i bezbłędnie w twojej podświadomości. Ten rozdział będzie traktował o tym obszernym magazynie ludzkiego doświadczenia.

## Wyłącznie dedukcja

• Twoja podświadomość nigdy nie roztrząsa „za" i „przeciw" – wszystko jest dla niej prawdziwe i słuszne. Po prostu akceptuje treści (fałszywe bądź prawdziwe) przekazane jej przez twój świadomy umysł, a następnie rozwija je w sposób dedukcyjny we wszelkie możliwe formy wyrazu.

## Hipnoza i doświadczenie poprzednich istnień

• Jakiś czas temu byłem świadkiem, jak mój przyjaciel przeprowadził eksperyment z udziałem mężczyzny, którego nazwiemy Panem X. Pan X był katolikiem i nie wierzył w reinkarnację. Hipnotyzer zapewniał go jednak, że gdy wprowadzi go w trans, nagra jego wypowiedzi i w ten sposób udowodni mu, że ma on już za sobą wiele żywotów. Kiedy Pan X znalazł się w hipnotycznym transie, hipnotyzer zasugerował mu, że przeniósł go pięćset lat wstecz, i poprosił, aby Pan X poinformował, kim jest, gdzie mieszka i co robi. Żadnej odpowiedzi. Wtedy hipnotyzer powiedział: „Cofnąłem cię o tysiąc lat. Kim teraz jesteś? Jak ci na imię?". Znowu żadnej odpowiedzi. Wreszcie, już nieco zdesperowany, hipnotyzer powiedział do Pana X: „Cofnąłem cię teraz daleko, bardzo daleko, zanim powstała Anglia oraz Irlandia. Kim teraz jesteś?".

Po jakiejś minucie Pan X odpowiedział: „Mija siódmy dzień i właśnie odpoczywam". I tak zakończył się hipnotyczny eksperyment z udziałem Pana X.

## PRZYCZYNA NIEPOWODZENIA

• Powszechnie znany jest fakt, że w hipnotycznym transie współpracujesz z hipnotyzerem, w rezultacie czego mówisz to, czego on od ciebie oczekuje. Twoja podświadomość poważnie traktuje każdą sugestię (niezależnie od tego, czy jest ona fałszywa, czy prawdziwa) i wyprowadza z niej logiczny wniosek. W tym przypadku Pan X zasugerował swojej podświadomości, zanim zapadł w hipnotyczny trans: „Nie wierzę. Nie wierzę w reinkarnację. Nie udzielę żadnej odpowiedzi". Jego podświadomość zaakceptowała sugestię dominującą, która pochodziła od niego. Pamiętaj – z dwóch idei twoja podświadomość podda się dominującej. Pan X zneutralizował sugestię hipnotyzera. A tak przy okazji – warto zwrócić uwagę na humor związany z odpowiedzią na trzecie pytanie hipnotyzera.

## EKSPERYMENT Z SIOSTRĄ PANA X

• Siostra Pana X nie wprowadziła przeciwnej sugestii do swej podświadomości przed wejściem w hipnotyczny trans, a hipnotyzer cofał ją do różnych okresów historii. W transie zapewniała, że była Joanną d'Arc i mówiła po francusku, innym razem była księżniczką egipską i chętnie opowiadała o wierzeniach religijnych w Egipcie. Wspomniała również, że piramidy były budowane przez mężczyzn, którzy w stanie półtransu podnosili bloki skalne samą mocą umysłu, tnąc je i wnosząc na miejsce. Przekonywała, że wszystko to zostało osiągnięte bez dźwięku młotów czy innych metalowych narzędzi. Z jej relacji wynikało, że wszystkich tych rzeczy dokonano mocą samego umysłu.

Nie można było oczywiście dowieść, że była kiedyś księżniczką czy Joanną d'Arc. Zdążyłem się jednak dowiedzieć, że przez cztery lata studiowała romanistykę i przez jakiś czas mieszkała we Francji. Co więcej, odwiedziła Egipt, studiując budowę piramid i historię tego państwa. W stanie transu jej podświadomość w odpowiedzi na sugestię hipnotyzera udramatyzowała wiedzę na ten temat. Jej wnioski były logicznie spójne, ponieważ zostały po prostu wydedukowane z założeń hipnotyzera, że już kiedyś żyła. W tym samym czasie jej podświadomość była totalnie obojętna na wszystkie fakty czy idee, które nie pasowały do sugestii hipnotyzera. Podświadomości obca jest indukcja.

## Czy już kiedyś żyłeś

• Wiele osób twierdzi, że pamięta swoje wcześniejsze wcielenia. Co więcej, niektórzy w szczegółach opowiadają, jak byli kapłanami w starożytnych świątyniach, dokładnie określając czas i kulturę danego miejsca. Bez wątpienia niektórzy ludzie mają w pamięci swoje poprzednie egzystencje. Twierdzą oni, że jedynym wyjaśnieniem tak wyraźnych wspomnień jest przyjęcie, że już kiedyś żyli.

Wszyscy jesteśmy zanurzeni w jednym wielkim umyśle. Dr Phineas Parkhurst Quimby powiedział: „Nasze umysły są zmieszane jak powietrze". Twój umysł jest wielkim rezerwuarem zawierającym mentalne doświadczenia i wydarzenia wieków. Jasnowidząca osoba potrafi spojrzeć niejako wstecz i zobaczyć, jak George Washington klęczy na śniegu, ale to nie znaczy, że jest inkarnacją George'a Washingtona. Świadczy to jedynie o tym, że człowiek ten po prostu zestroił się z mentalnym obrazem czy wibracją, która jest na zawsze zawarta w uniwersalnej podświadomości. Wszystkie rzeczy koegzystują w Zasadzie Umysłu, w wyniku czego są zarazem odwieczne i współczesne.

## Ważne kwestie do rozważenia

• Zwróć uwagę na fakt, że zmysłowe wrażenia wszystkich ludzi, którzy kiedykolwiek żyli, są zawarte w tobie. Możesz po prostu zestroić się z wibracją niektórych wcześniejszych doświadczeń, które miał ktoś inny, i pomyśleć, że to twoje własne doświadczenia. Zasada Życia w tobie nigdy nie została zrodzona i nigdy nie umrze. Ta Zasada Życia, którą jest Nieskończony Duch czy Nieskończony Umysł, odegrała wszystkie role, stworzyła wszystkie kraje, wszędzie była, wszystko widziała i doświadczyła wszystkiego. Myśl jasno, a wtedy poznasz dzięki pozazmysłowemu postrzeganiu, że jedyny umysł działający w człowieku napisał wszystkie święte księgi i ustanowił wszystkie religie. Tenże umysł jest w tobie i dlatego są kobiety i mężczyźni, nie tylko w Indiach czy Tybecie, lecz także gdzie indziej, którzy nie muszą podróżować do innych krajów, żeby je w szczegółach opisać. Wiele jasnowidzących osób jest w stanie to zrobić. A przyznać trzeba, że zdolność jasnowidzenia czy jasnosłyszenia jest w tobie i w każdej innej osobie.

## Psychologiczne wyjaśnienie przeświadczenia o wcześniejszym istnieniu

• Wybrałem się kiedyś do miasta Pondicherry w Indiach. Po wylądowaniu przekonałem się, że dokładnie znam drogę. Wszystkie ulice, budynki i rynek były mi znajome. Gdy usłyszałem ludzi, powiedziałem do siebie: „Słyszałem już te głosy". Spójrzmy na to doświadczenie z punktu widzenia podświadomości. Wiedząc, że planuję wizytę w Pondicherry moje subiektywne *ja* wybrało się tam, gdy spałem. Można to nazwać pozacielesną podróżą czy też podróżą astralną, choć niekoniecznie, ponieważ podświadomość jest wszechobecna, zdolna do przekroczenia czasu i przestrzeni. I tak, gdy moja świadomość była uśpiona, mentalnie rozmawiałem z wieloma ludźmi, słyszałem ich słowa, a co więcej, w tej psychicznej podróży widziałem całe piękno tego kraju.

Wizualizowałem wspaniałą podróż i tym napełniłem moją podświadomość, a następnie „przespałem się z tym". Moja podświadomość zaakceptowała sugestię i związała się z tym miejscem. Gdy więc fizycznie tam przybyłem, doświadczyłem tych wszystkich stanów, które przeżyłem wcześniej podświadomie. To, co potem widziałem i słyszałem na własne oczy, wcześniej widziałem w podświadomości.

## „Mam wrażenie, że go zawsze znałem"

• Z pewnością zdarzyło ci się spotkać osobę, co do której jesteś przekonany, że zawsze ją znałeś. Jest tak dlatego, ponieważ osoba ta jest bliska twojemu duchowi. Wszystkie tony rzeczywistości są w tobie obecne, podobnie jak nieskończenie wiele dźwięków można wydobyć z pianina. Dźwięk, który wywołujesz poprzez uderzenie w klawisz, zawsze istniał. Gdy więc wydaje ci się, że pamiętasz, jak żyłeś w pewnym mieście i że wszystko wydaje ci się tam znajome, jest całkiem możliwe, że odwiedziłeś to miejsce we śnie, o którym mogłeś już zapomnieć. Lecz twój podświadomy czy jasnowidzący umysł nie zapomina niczego – on jasno i wyraźnie odnotowuje wszystkie twoje doświadczenia. Doświadczenie może także znaczyć, że jesteś przebudzony do tego, co było zawsze znane i co zawsze w tobie istniało. Pamiętaj, Bóg – Zasada Życia – jest w tobie. Ta obecność stworzyła wszystkie rzeczy. Kiedy zaczynasz budzić się do Boskości, zaczynasz rozumieć, że cały świat, a więc wszystkie stworzenia i doświadczenia ludzkości są w tobie.

## PAMIĘĆ WSZYSTKIEGO, CO ZAISTNIAŁO

• Jednej rzeczy możesz być pewien: istnieje pamięć tego, co kiedykolwiek miało miejsce na tej planecie. Istnieje także możliwość zobaczenia tego, co mogłoby się wydarzyć w przyszłości, chyba że zostało to przemienione przez modlitwę. Prawda o tobie brzmi: JESTEM w tobie jest twoją własną świadomością. Biblia w trzecim rozdziale Księgi Wyjścia nazwała naturę Boga JESTEM, co można przetłumaczyć jako Czyste Istnienie, Życie, Duch, Niestworzona Inteligencja, Rzeczywistość, a także Czysta Świadomość. Znaczy to, że Bóg cię przenika, i gdy mówisz JESTEM, odnosisz się do Boskiej Obecności w sobie.

Dlatego kiedy się skupisz, wejdziesz w siebie, zrozumiesz, że Nieskończony Duch czy Nieskończony Umysł w tobie był wszystkimi ludźmi, którzy kiedykolwiek żyli, którzy żyją teraz czy też żyć będą. Ta Zasada Życia w tobie była Buddą, Jezusem, Mojżeszem, Sokratesem, Lincolnem, Szekspirem i tak dalej. Twój Duch czy Świadomość odegrała wszystkie role, wszędzie była i wszystko widziała. W niej jest wszystko – cały wszechświat wywodzi się z twego JESTEM.

Nieskończony Umysł działający we wszystkich ludziach napisał wszystkie Biblie, mówił wszystkimi językami, zbudował wszystkie piramidy i napisał wszystkie księgi. Dlatego często czytasz o różnych ludziach z całego świata, którzy – choć niewykształceni – to jednak w stanie transu potrafią mówić kilkunastoma językami.

## Gdzie byłeś, zanim się urodziłeś

• Jedyny Byt – bez twarzy i formy, istniejący ponad czasem – aktualizuje się w postaci człowieka. Wszyscy ludzie są częścią ciebie, ponieważ jest tylko jeden umysł. Życie jest jedno i niewidzialne, przybierając różne postacie. Słowo *ludzkość* oznacza Jedno Istnienie przejawiające się na wiele sposobów, również w ludzkiej formie. Gdy więc rodzi się dziecko, na świat przychodzi Bóg: Uniwersalne staje się partykularnym, Niewidzialne widzialnym. Jesteś zindywidualizowaną ekspresją Boga. Psalmista mówi: *Wiedzcie, że Pan jest Bogiem: On sam nas stworzył, my Jego własnością, jesteśmy Jego ludem, owcami Jego pastwiska* (Ps 100, 3). Wszyscy mamy jednego Ojca, jednego Przodka, Zasadę Życia. Nazywa się Ją wieloma imionami, takimi jak: Allah, Brahma, Rzeczywistość, Życie, Byt, Świadomość, Wszechmocny Żywy Duch. Biblia mówi ci, gdzie byłeś, zanim zaistniałeś na tej planecie: *Mieszkałeś w Edenie, ogrodzie Bożym; okrywały cię wszelkiego rodzaju szlachetne kamienie...* (Ez 28, 13).

Eden z duchowego punktu widzenia jest miejscem bezkresnej rozkoszy, nieopisanego piękna i absolutnego pokoju. Innymi słowy, pochodzisz od Boga, Bezkresnej Jedności, kiedy żyłeś w pełni radości, miłości, doskonałości i harmonii. Te cechy Boga są cennymi kamieniami, którymi jesteś przybrany. Byłeś zatem Absolutnym Bytem i gdy twoi rodzice współżyli ze sobą, co zaowocowało zapłodnieniem jaja, Duch wkroczył w widzialny wymiar istnienia i został określony przez zapis genetyczny, a także ich nastrój i mentalne nastawienie. Twoje narodzenie sprawiło, że Bóg przyjął postać dziecka. Biblia mówi: *Zaprawdę, zaprawdę, powiadam wam: Zanim Abraham stał się, JA JESTEM* (J 8, 58). Znaczy to, że każda forma istnienia pochodzi od JESTEM – Wszechmocnego Żywego Ducha.

## Dlaczego niektóre dzieci rodzą się chore

• Zapewne nurtuje cię pytanie, dlaczego zdrowy, żywotny i silny mężczyzna traci wzrok, umiera, dlaczego zapada na gruźlicę, artretyzm czy inne choroby fizyczne bądź psychiczne. Odpowiedź jest prosta: jest jedno uniwersalne prawo, którego nie wolno łamać. Jeżeli konkretny człowiek kogoś nienawidzi, jeżeli jest pełen zgorzknienia, zazdrości, chęci zemsty lub nienawiści, to wszystkie te uczucia generują destrukcyjne emocje, które z kolei przyczyniają się do powstawania wszelkiego rodzaju upośledzeń i chorób. Nie ma innego prawa dla dziecka, a innego dla starca. Wszyscy jesteśmy poddani temu samemu prawu jako dzieci w łonie matki czy też w kołysce. Biblia mówi: *...lecz jeśli się nie nawrócicie, wszyscy podobnie zginiecie* (Łk 13, 3). Oznacza to, że wszyscy jesteśmy zanurzeni w masowym umyśle. Negatywne sugestie masowego umysłu nieustannie bombardują naszą świadomość. Nasz umysł odbiera je w mniejszym lub większym stopniu. Możemy chronić się przed negatywnymi okolicznościami dzięki pozazmysłowej percepcji.

## Reinkarnacja i cykle czasowe

• Kiedy rodzi się dziecko, to znaczy, że Nieskończony Duch przyjmuje postać człowieka. John czy Maria jest sumą myśli, uczuć i wierzeń każdego z nas. My zabarwiamy, kolorujemy i modyfikujemy Jedynego Ducha przez nasze wierzenia, wrażenia i uwarunkowania.

Powiedzmy, że John, który żyje w Nowym Jorku, przeszedł do następnego wymiaru – jakość, która była Johnem, żyje teraz we wszystkich istotach na całym świecie. A teraz poprzez akt seksualny w jakiejś części globu ta część Nieskończoności, która była Johnem, zostaje znów przywołana do ziemskiego istnienia. Może to być w Chinach, w Japonii czy gdziekolwiek indziej i te cechy, nastroje czy klimaty Nieskończonego stają się człowiekiem. To nie John przychodzi, lecz Nieskończony w jego osobie.

W chwili, w której umarł John, ta sama wibracja mogła się ukazać w przedstawicielu innej rasy i kultury. Cykle pięćset-, sześćset- czy tysiącletnie nie mają nic wspólnego z tym prawem. Zasada Życia jest ponad- i pozaczasowa – wszystkie tony rzeczywistości są w Jednym. Gdy grasz na dużym pianinie, wydaje ono dźwięki pochodzące od strun, w które uderzają poszczególne klawisze.

Człowiek jest sędzią, a *takim sądem, jakim sądzicie, i was osądzą; i taką miarą, jaką wy mierzycie, wam odmierzą* (Mt 7, 2). *Nie łudźcie się (...) co człowiek sieje, to i żąć będzie: kto sieje w ciele swoim, jako plon ciała zbierze zagładę; kto sieje w duchu, jako plon ducha zbierze życie wieczne* (Ga 6, 7-8). Zasiałeś ziarno w umyśle i zbierzesz owoc tego zasiewu. Będzie to dokładne podobieństwo ziarna, które zasiałeś.

Błędne jest przekonanie, że nie jesteś nikim więcej, że ty czy ktoś jeszcze cierpi z powodu błędów popełnionych w poprzednich wcieleniach.

## Ucz się praw życia

• Przypuśćmy, że dotykasz nieosłoniętego przewodu elektrycznego. Może cię wtedy porazić prąd. Dlaczego winisz za to elektryczność? Zrozum zasadę działania elektryczności, a wtedy będziesz mógł jej używać dla dobra własnego i innych ludzi. Jeśli się oparzyłeś albo w jakikolwiek sposób zraniłeś, to stało się tak dlatego, że zignorowałeś prawo. Głupotą jest mówić, że Bóg cię ukarał albo że jest to owoc karmy, czyli grzechów popełnionych w poprzednim życiu.

Przypuśćmy, że zamierzasz wskoczyć do oceanu, nie potrafiąc pływać. Wiadomo, że byś wtedy utonął. I trudno by wtedy było mówić o karze Boskiej dla ciebie. Należałoby raczej mówić o braku wiedzy o tym, jak utrzymać się na powierzchni wody. Woda potrafi unieść łódź czy innego człowieka, który nauczył się pływać albo posiadł sztukę nawigacji.

Wspinając się, możesz upaść w wyniku swej nieostrożności albo ignorowania sugestii instruktora, który uczy cię, w jaki sposób zdobywać górę. Prawo przyciągania jest bezosobowe i nie kieruje się ani urazą, ani mściwością.

## Dlaczego niektóre dzieci cierpią

• Prawdą jest, że bardzo małe dzieci nie myślą i nie rozumują – aż do osiągnięcia pewnego wieku. Są one na łasce nastrojów i uczuć rodziców. Dr Phineas Parkhurst Quimby ponad sto lat temu przypomniał, że małe dzieci są jak biała tablica, na której wszyscy członkowie rodziny i krewni coś zapisują. Umysł dziecka jest bardzo podatny na sugestię i nie jest w stanie odrzucić sugestii negatywnych, lęków oraz niepokojów rodziców. Psychosomatycy i psychiatrzy doskonale wiedzą o tym, że dzieci zanim zaczną myśleć samodzielnie i modlić się metodą afirmacji, odzwierciedlają mentalną atmosferę swojego domu. Pewien stopień jasnowidzenia, pozazmysłowej percepcji może mieć zbawienny wpływ na rozwój dziecka.

## Prawo umysłu jest doskonałe

• Prawo umysłu jest nadzwyczaj sprawiedliwe. Jeśli ustawisz przed lustrem jakieś monstrualne malowidło, lustro dokładnie je odzwierciedli. Twój umysł jest lustrem tak dla króla, jak i dla żebraka i z matematyczną dokładnością odbija zawartość twojej mentalności. Oto dlaczego prawo to jest doskonałe. Starożytni Hebrajczycy mówili, że „prawo Pańskie jest doskonałe”. Nie ma w nim żadnych niespójności, dlatego jeśli myślisz we właściwy sposób, spotykają cię dobre rzeczy. Analogicznie, twoje pozazmysłowe postrzeganie może kontrolować fizyczne manifestacje twoich myśli.

## Dusiła ludzi w poprzednim życiu

• Rozmawiałem kiedyś w Las Vegas z pewną kobietą – przyjmijmy, że jest to Pani B. Wyznała mi ona, że przez dziesięć lat cierpiała na ataki astmy. Przyjmowała lekarstwa i od czasu do czasu brała zastrzyki, nie odczuwając ulgi. Wreszcie została poddana hipnozie i gdy w czasie transu cofnęła się o jakieś dwieście lat wstecz, przyznała, że w Chinach w czasie rebelii w Prowincji Kanton dusiła więźniów.

## Wyjaśnienie

• Wyjaśniłem jej, że Bóg czy Duch w niej obecny nigdy nie wymierza kary i że cały sąd przekazał synowi[6], czyli jej własnemu umysłowi, i że to ona sama karze siebie swoim poczuciem winy. Powiedziałem jej także, że hipnotyzer, który wprowadził ją w hipnotyczny trans, był pod wpływem tego rodzaju obrazów i doświadczał z tego powodu poczucia winy.

W rozmowie wspomniała, że jej matka zmarła na ostry atak astmy, i dodała, że nie była z nią pojednana, gdy ta odchodziła. Powiedziałem jej: „Przyczyną twojej astmy jest głębokie poczucie winy i wyrzuty sumienia z powodu tego, jak traktowałaś swoją matkę. Wzięłaś więc na siebie wszystkie symptomy astmatycznych ataków matki, żeby siebie ukarać".

Pani B. przyłączyła się do mnie w modlitwie za matkę i uwolniła ją, życząc jej miłości, światła, prawdy, piękna, radości i szczęścia. Ogarnęła swą matkę miłością i życzliwością oraz wybaczyła samej sobie podtrzymywanie negatywnych myśli w stosunku do siebie. Odwołała się do następujących biblijnych wersetów, doświadczając uzdrowienia i rozwijając jednocześnie zdolność pozazmysłowej percepcji:

> *Chodźcie i spór ze Mną wiedźcie! – mówi Pan. Choćby wasze grzechy były jak szkarłat, jak śnieg wybieleją; choćby czerwone jak purpura, staną się jak wełna* (Iz 1, 18).

---

[6] *Ojciec bowiem nie sądzi nikogo, lecz cały sąd przekazał Synowi...* *(J 5, 22)* – przyp. tłum.

*A grzechów ich oraz ich nieprawości więcej już wspominać nie będę* (Hbr 10, 17).

*Ty bowiem, Panie, jesteś dobry i pełen przebaczenia, pełen łaskawości dla wszystkich, którzy Cię wzywają* (Ps 86, 5).

*Będzie Mnie wzywał, a Ja go wysłucham i będę z nim w utrapieniu, wyzwolę go i sławą obdarzę* (Ps 91, 15).

*Ja, właśnie Ja przekreślam twe przestępstwa i nie wspominam twych grzechów* (Iz 43, 25).

Pani B. przylgnęła do tych starożytnych biblijnych prawd i nadal z miłością myślała o matce. Po kilku tygodniach ataki ustały i była już osobą wolną. Pani B. rozumie teraz, że dla Ducha nie istnieje czas ani przestrzeń i że przeszłość też nie ma znaczenia. Liczy się tylko chwila obecna. Od kiedy zmieniła swoje myślenie i wytrwała w nowym stanie umysłu, zapomniała o tym, co było, i wspomnienia te nigdy więcej nie wróciły.

## Dlaczego jedni rodzą się zdrowi, a inni nie

• Pytanie to – choć nie dosłownie – zostało postawione dwa tysiące lat temu: *Uczniowie Jego zadali Mu pytanie: „Rabbi, kto zgrzeszył, że się urodził niewidomym – on czy jego rodzice?". Jezus odpowiedział: „Ani on nie zgrzeszył, ani rodzice jego, ale [stało się tak], aby się na nim objawiły sprawy Boże". (...) ...i rzekł do niego: „Idź, obmyj się w sadzawce Siloam" – co się tłumaczy: Posłany. On więc odszedł, obmył się i wrócił widząc* (J 9, 2-3. 7).

Zadane Jezusowi pytanie zakłada, iż uczniowie wierzyli, że ten człowiek musiał być grzesznikiem w poprzednim życiu. To wierzenie było w tamtym czasie obecne w dużej części wschodniego świata. Ludzie wierzyli także, że grzechy rodziców były przekazywane na dzieci. Innymi słowy, jeżeli ojciec chorował na gruźlicę – jego dzieci także, jeżeli ojciec i matka byli chromi – dzieci również mogły mieć problemy z chodzeniem. Jezus odrzucił obydwie teorie i, zwracając się do Duchowej Mocy, natychmiast uzdrowił tego człowieka. Warto zauważyć, że Jezus całkowicie zignorował przekonanie uczniów, co jest idealnym sposobem uzdrowienia z fałszu czy błędnego myślenia.

## Czym jest statystyka

• Każdy z nas zanurzony jest w masowym umyśle, nazywanym także umysłem statystycznym. Podlegamy wierzeniom, opiniom i warunkowaniu ze strony naszych rodziców i środowiska. Gdy poznajemy prawa umysłu i rozwijamy pozazmysłowe postrzeganie, wznosimy się ponad masowy umysł i przekraczamy środowiskowe uwarunkowania i ograniczenia. Jezus nie powiedział do niewidomego: „Jesteś grzesznikiem. Zgrzeszyłeś w poprzednim życiu i teraz musisz za ten grzech pokutować". Nie, on zwrócił się do Boskiej Mocy i jego zaufanie do Nieskończonej Uzdrowicielskiej Obecności uzdrowiło niewidomego człowieka. Bóg – Absolutne Jestestwo, Byt czy Zasada Życia – nikogo nie potępia ani nie karze. Choćby człowiek był kaleką, może zostać uzdrowiony, bo nie jest ofiarą karmy, czyli kary za grzechy popełnione w poprzednim życiu.

## Pamięć genetyczna

• Jedną rzeczą, którą musisz zrozumieć, jest to, że wszystko, co kiedykolwiek przydarzyło się ludzkości, zostało zapisane w kolektywnej podświadomości czy nieświadomości powszechnej. Na przykład genetyczna historia wszystkich mężczyzn i kobiet, którzy kiedykolwiek żyli, jest także zapisana w tym uniwersalnym, podświadomym umyśle. Aby to zilustrować, opowiem o pewnym angielskim oficerze, który w czasie pierwszej wojny światowej służył w szkockim batalionie. „Bardzo gorąco pragnąłem ich prowadzić – wyznał – i zacząłem przemawiać do nich w ich ojczystym języku. Czułem, że byłem kimś jeszcze i że na innym polu bitwy robiłem to samo". Potem odkrył w historii swojej rodziny, że jego pradziadek był szkockim góralem i kapitanem w szkockim regimencie.

Biologowie i genetycy potrafią to łatwo wytłumaczyć. Mężczyzna ten poddany był wielkiemu stresowi i w takim działaniu widział najlepszy sposób do podsycenia ducha walki w batalionie. Jego podświadomość uruchomiła nagle zapis genetycznej świadomości z przeszłą sceną podobnej natury. Miał nieodparte wrażenie, że kiedyś już doświadczył takiej sytuacji. Zapis genetyczny całego rodzaju ludzkiego jest w nas. Naukowcy przekonują, że geny kilku miliardów ludzi nie są w stanie napełnić naparstka.

## Poznaj swoich przodków

• Jesteś osobą, która miała ojca, on zaś również miał ojca i twój dziadek także. Wyrusz w tę pielgrzymkę do swoich źródeł, a poznasz genetyczny zapis i doświadczenie swoich przodków w sobie. Cofnij się dalej, a poznasz komórki macierzyste, z których wszyscy powstaliśmy. W ten sposób dojdziemy do Ojca, który jest przyczyną wszelkiego życia na ziemi. Ponieważ wszyscy jesteśmy ze sobą powiązani, więc właściwie jesteśmy braćmi i siostrami, mającymi jednego wspólnego Ojca. O tej wspólnej jedności możemy się przekonać dzięki pozazmysłowemu postrzeganiu.

## Nowy początek jest nowym końcem

• Jakiś czas temu podczas wykładu wspomniałem, że nie podzielam poglądów na temat reinkarnacji, zgodnie z którymi osoba, która rodzi się w jakiś sposób zdeformowana, popełniła w poprzednim życiu przestępstwo czy niesprawiedliwość wobec innych i że jest to karmiczna kara za tamto niedoskonałe życie. Znaczy to, że człowiek ten płaci grzywnę za swoje czyny z wcześniejszej egzystencji. I tak musi powracać wciąż od nowa, by spłacać swój dług i w ten sposób uwolnić się od tak zwanego koła karmy.

Wszystko to nie wytrzymuje próby, w miarę jak zaczynasz rozumieć, że bez znaczenia są warunki i okoliczności, jeżeli zaczynasz wypełniać swoją podświadomość życiodajnymi wzorcami i podążasz mentalnie za Nieskończoną Miłością, Nieskończonym Życiem i Nieskończoną Uzdrowicielską Obecnością. Wtedy negatywne wzorce zapisane w twojej podświadomości zostają unicestwione, a przeszłość ulega zapomnieniu i nigdy już nie powraca we wspomnieniach. Wszystko to może dokonać się z pomocą pozazmysłowego postrzegania. Nowy początek jest nowym końcem, ponieważ początek i koniec są tym samym.

## Twój genetyczny zapis

- Kobieta, która myślała, że jej dziecko jest inkarnacją Paderewskiego, zaczęła rozumieć, że o ile ona wraz z mężem oraz dziadkami chłopca nie mieli talentów muzycznych i w ogóle nie byli zainteresowani muzyką, to pradziadek chłopca, mieszkający na Węgrzech, był muzykiem. Rozsądnie jest założyć, że ich syn miał genetyczne uzdolnienia muzyczne po swoim pradziadku (ta cecha dominowała nad tymi, które odziedziczył po rodzicach).

Wyjaśniłem tej kobiecie, że rodzina może składać się z pięciu osób i jedna z nich może się całkowicie różnić od pozostałych. Tak to tłumaczy biologiczna teoria mutacji, która zakłada fundamentalne zmiany w biologicznej strukturze. Wyjątkowo uzdolnione dziecko może mieć także dary jasnowidzenia czy jasnosłyszenia, właściwe wszystkim ludziom. Jest więc możliwe, że to niezwykle obdarowane dziecko odziedziczyło muzyczne talenty i umiejętności po swoich przodkach.

## Dlaczego matematycznie uzdolnione dzieci tracą swoje dary

• Dziecko jest zestrojone z podświadomością. Podświadomość jest podatna na sugestię, a zwykła edukacja uczy dzieci ignorować głosy intuicji, jasnowidzenia i jasnosłyszenia. Zamiast uczyć rozwijać mądrość pozazmysłowej percepcji, te właśnie zdolności są zazwyczaj negowane i wskutek tego zanikają. Nauczyciel powinien pomóc dziecku w rozwoju jego nadzwyczajnych zdolności matematycznych, aby mogło ono wzrastać i rozwijać się, w miarę jak się uczy obiektywnych reguł, definicji i zasad. Podświadomy umysł dziecka podatny na sugestię mógłby zachowywać swoje zdolności pozazmysłowego postrzegania „zgodnie z jego wiarą", nie tracąc nic z tego, co oferowałby mu jego nauczyciel.

## Kilka niezwykłych przykładów

• Ralph Waldo Emerson studiował klasykę, zanim dzieci z jego przedszkola zaczęły uczyć się czytać. Nie ma w tym nic tajemniczego czy nadnaturalnego. Duchowo rozwinięci jego przodkowie byli miłośnikami ponadnaturalnej wiedzy. Bez wątpienia stan umysłu jego rodziców w chwili poczęcia wywarł na niego dodatkowy genetyczny wpływ.

John Stuart Mill uczył się greki, gdy miał trzy lata, a gdy miał lat siedem, czytał w oryginale Platona, jak również dzieła Gibbona i Hume'a.

Mój ojciec, który był dyrektorem szkoły w południowej Irlandii, był zdumiony dwunastoletnim chłopcem, który natychmiast potrafił zrozumieć matematyczny problem czy algebraiczne równanie. Mógł rozwiązać najbardziej zawiłą matematyczną kwestię i udzielić odpowiedzi bez zapisania żadnego znaku. Mój ojciec przedstawił go lokalnemu biskupowi, który skierował go do seminarium. Chłopak został potem jezuitą i uczy obecnie matematyki na Dalekim Wschodzie. Jestem przekonany, że był on jasnowidzem.

## TWÓJ MAGAZYN PAMIĘCI

- Twoja podświadomość jest magazynem pamięci, z którego możesz pobrać każdą informację, jaką kiedykolwiek uzyskałeś. Solomon, chasydzki cadyk z Litwy, miał tak wyjątkową pamięć, że nigdy nie zapomniał tego, co przeczytał. Znał na pamięć Biblię i Talmud i mógł z nich bez problemu zacytować jakikolwiek fragment. Ty również tak potrafisz dzięki pozazmysłowemu postrzeganiu.

Wielu z was zna pisma Edgara Cayce'a. Słuchałem kilka razy jego wykładów i byłem zauroczony jego szczerością i prostotą. Mógł on podać spis treści książki, której nigdy nie widział. Twoje wewnętrzne oko może widzieć bez pomocy oczu cielesnych. Cayce z pewnością miał dar jasnowidzenia i jasnosłyszenia. Te zdolności posiada każdy z nas, choć często są one uśpione. Bez problemu możemy je rozwijać. To nie ma żadnego związku z ponownymi narodzinami w nowym fizycznym ciele. Nie wzrastamy i nie budzimy się w jakimś gwiezdnym czasie i przestrzeni. Musimy wznieść się wzwyż, w sferę Żyjącego Ducha, pozaczasową i ponadprzestrzenną, tam, gdzie znane są wszystkie rzeczy – w Boską Obecność w nas.

Edgar Cayce był bardzo słabo wykształcony. Zestrajając się z podświadomością w czasie snu czy w stanie transu, mógł zdiagnozować choroby pacjentów w dowolnej części świata. Był w stanie opisać rany i przepisać lekarstwa, nie wiedząc nic o medycynie, farmakologii czy medycznej praktyce. Po prostu odwoływał się do uniwersalnej podświadomości i otrzymywał wiedzę na miarę swojej wiary. Wszystkie uzdrowienia, które miały miejsce za jego przyczyną, były oparte na wierze.

Słyszałem także, że w stanie transu potrafił mówić ponad tuzinem obcych języków. Wszystkie języki, które istniały na ziemi, są w twej podświadomości, ponieważ jesteś zjednoczony z uniwersalną podświadomością czy też nieświadomością. Bez wątpienia Edgar Cayce miał także zdolność jasnosłyszenia, dzięki czemu otrzymywał informacje od lekarzy z następnego wymiaru życia lub wydobywał wszystkie swoje odpowiedzi z uniwersalnej podświadomości. Jego zdolność pozazmysłowego postrzegania stała u fundamentów wielkich mocy.

## Dlaczego ludzie są nierówni z natury

• Często otrzymuję listy z takim oto pytaniem: „Dlaczego jedni rodzą się w biedzie, a inni bez żadnej zasługi żyją w luksusie; dlaczego jedne dzieci są upośledzone, a inne nie?". Mnóstwo osób jest zakłopotanych, rozważając kwestie biedy i bogactwa. Wielu cierpi biedę i niedostatek miłości, radości, wiary, zaufania czy życzliwości. Bogactwo jest kwestią umysłu. Jesteś bogaty wtedy, gdy możesz czerpać ze źródła inteligencji i mądrości ukrytej w twej podświadomości i kiedy możesz realizować swoje pragnienia. Jesteś bogaty wtedy, gdy twój umysł jest pełen pokoju, radości, miłości, zaufania i wiary w dobroć Boga w twoim życiu.

Weźmy pod uwagę Helen Keller. Twierdzenie, że to, co ją spotkało, było niesprawiedliwością, albo że jej kalectwo było karą za grzechy popełnione w poprzednim życiu, jest całkowicie irracjonalne, nielogiczne i mocno nienaukowe. Niektórzy mówią, że to była niesprawiedliwość, ponieważ Helen Keller pozbawiona była wzroku i słuchu od urodzenia. Jednak opiekunka odnosiła się do niej z wymagającą miłością, dzięki czemu Helen zaczęła czerpać ze skarbca swojego umysłu. Jej oczy były zdolne do „widzenia" prawdopodobnie lepiej niż oczy większości ludzi; w podobny sposób uzdolnione były jej uszy do „słyszenia". Oto możliwości duchowego wglądu!

Historia ujawnia tysiące innych ludzi, którzy dotknięci byli różnymi rodzajami schorzeń, znanych z osiągnięć w nauce, sztuce, muzyce, przemyśle, technice i religii. Myśl o tych rzeszach, urodzonych i żyjących w luksusie, w dobrych rodzinach; o tych wielu urodzonych w przysłowiowym czepku. Zapytaj samego siebie, czy osiągnęli tak dużo dobra albo czy osiągnęli taką wielkość jak ci, którzy urodzili się w biedzie albo z różnymi dolegliwościami.

Czy będziesz się spierał o to, że wszyscy ci wspomniani przeze mnie mężczyźni i kobiety muszą nieustannie powracać, żeby odebrać sprawiedliwość? E. Henley, wyniszczany przez ból i chorobę gardła, powiedział: „Dziękuję za wszystko, co wzmocniło moją niepokonaną, niezwyciężoną duszę". Twoja dusza jest Duchem, a Duch jest Bogiem. W rzeczywistości jesteś niezniszczalny i niezwyciężony. Jesteś Bogiem kroczącym przez ziemię, jeśli rozwijasz dar pozazmysłowej percepcji.

## Jak niektórzy rozumieją sprawiedliwość

• Jest wiele osób, które wierzą, że jeśli ktoś urodził się w bogactwie, będzie musiał powrócić tu znowu, aby urodzić się w biedzie i w ten sposób to wszystko zrównoważyć – żeby sprawiedliwości stało się zadość. Odnosi się to nie tylko do pieniędzy, ale wszystkich dziedzin życia. „Jak człowiek sieje, tak też zbierać będzie". Prawo to funkcjonuje w następnym wymiarze życia tak jak tutaj. Musisz to jednak dostrzec dzięki swym wewnętrznym zmysłom.

Reinkarnacja nie udziela odpowiedzi na te pytania. Byłoby to bardzo powierzchowne myślenie. Nie możesz patrzeć na zewnętrzne okoliczności, takie jak ciało człowieka, jego środowisko, rodziców, ich bogactwo, moc czy majątek. Wyobraź sobie, że jakiś chłopiec rodzi się w Pałacu Buckingham, w wyniku czego żyje w bogactwie i luksusie pośród otaczającej go służby. I co? Mówisz po prostu o zewnętrznych okolicznościach, a nie o prawdziwym chłopcu, który jest mentalnym i duchowym jestestwem posiadającym w sobie królestwo Boże. Będzie on bogaty albo biedny w zależności od tego, w jaki sposób użyje darów Bożych w nim złożonych. Co zasiewa, to zbiera w tym albo w przyszłym wymiarze istnienia, który przenika ten plan.

## Nie jesteś ofiarą karmy

• Hinduiści i buddyści wierzą, że karma jest sumą wszystkich naszych czynów, dobrych i złych, popełnionych w ciągu wielu istnień. Teoretycznie jest to kosmiczna zasada, zgodnie z którą każda osoba jest nagradzana bądź karana w konkretnym wcieleniu za jej czyny z poprzedniej inkarnacji. Słowo *ka* oznacza „robić", „czynić", zaś słowo *ma* oznacza „rezultat".

Biblia mówi, że *co człowiek sieje, to i żąć będzie*... (Ga 6, 8). Nie jesteś ofiarą przeszłości z tego prostego powodu, że możesz zmienić swoją teraźniejszość, zaś przyszłość będzie owocem twoich teraźniejszych przekonań i działań. Bóg, Żyjący Duch w tobie, jest poza czasem i poza przestrzenią. Dlatego nowy początek jest nowym końcem i kiedy modlisz się afirmatywnie, wznosisz się poza te czasowo-przestrzenne koncepcje.

Człowiek, którego uznajemy za mordercę, czy jakaś osoba o złej reputacji mogłaby – gdyby pragnęła – zmienić się w mgnieniu oka. Można to osiągnąć przez przemianę świadomości i intensywne pragnienie Boskiej miłości i pokoju.

## Moc dobra, które teraz czynisz

• Rozważaj te cudowne słowa: *A jeśliby występny porzucił wszystkie swoje grzechy, które popełniał, a strzegł wszystkich moich ustaw i postępowałby według prawa i sprawiedliwości, żyć będzie, a nie umrze: nie będą mu poczytane wszystkie grzechy, jakie popełnił, lecz będzie żył dzięki sprawiedliwości, z jaką postępował* (Ez 18, 21-22).

Tekst ten mówi, że jeżeli ktoś odwróci się od swojej przeszłości, porzuci ją i zacznie właściwie myśleć, odczuwać i działać, przemieni samego siebie. Nowy początek jest nowym końcem. Zacznij realizować nową wizję siebie i idź naprzód w nowe życie z pomocą pozazmysłowego postrzegania.

## Mój pogląd na temat reinkarnacji

• Nadszedł wreszcie czas, aby ludzie, którzy myślą krytycznie, podjęli ostateczną decyzję odnośnie reinkarnacji, która jest kamieniem młyńskim zawieszonym u szyi ludzi zarówno na Wschodzie, jak i na Zachodzie.

Reinkarnacja zakłada proces wzrostu dzięki własnym wysiłkom człowieka. Zakłada ona, że człowiek staje się lepszy przez powolny proces nakładania na siebie i zdejmowania ubrania, którym jest ciało i emocje. Człowiek może się rodzić tysiące razy z różnych matek, lecz wzrost i oświecenie nie mają miejsca w czasie czy przestrzeni. Wzrost, rozwój i iluminacja jest efektem przemiany umysłu dzięki zestrojeniu się z Nieskończonym, który jest ponadczasowy, niezwiązany z przestrzenią i z natury dobry. Zaakceptuj to wyzwanie: *...przemieniajcie się przez odnawianie umysłu...* (Rz 12, 2).

Nie możemy przejmować błędów zawartych we wschodnich wierzeniach czy dogmatach. Einstein strącił z tronu fałszywych bogów czasu i przestrzeni. Teraz wiemy, że duch i materia są czymś jednym. Podobnie ludzie krytycznie myślący patrzą na teorię reinkarnacji z nowego punktu widzenia – patrzą na nią z perspektywy, która zakłada ich jedność z Bogiem.

Powinniśmy ogłosić „Deklarację Niezależności" od wszelkich ograniczających tradycji i fałszywych wierzeń, bez względu na długość tradycji, jaka za nimi stoi. Oczyśćmy nasze umysły z karmicznego czy czyśćcowego ognia przez prawdziwą wiarę i zaufanie w Boską miłość i Uzdrawiającą Obecność dostępną dla nas w tej chwili i wkroczmy na dziewicze pola mądrości, prawdy i piękna. Nie może nas powstrzymywać miraż zwykłego melioryzmu, czyli przekonania, że rozwój zależy wyłącznie od naszych wysiłków. Należy zignorować wszystkie bezwartościowe idee, a przede wszystkim teorię reinkarnacji.

Jezus powiedział: *Królestwo Boże nie przyjdzie dostrzegalnie... Oto bowiem królestwo Boże pośród was jest* (Łk 17, 20-21). Królestwo życia, miłości, prawdy, piękna i wszystkich mocy Boskich jest w tobie. *Oto teraz czas upragniony, oto teraz dzień zbawienia* (2Kor 6, 2). *Wszystko, o co w modlitwie prosicie, stanie się wam, tylko wierzcie, że otrzymacie* (Mk 11, 24). *Zaprawdę, zaprawdę, powiadam wam: Zanim Abraham stał się, JA JESTEM* (J 8, 58). Czyż Jezus nie po to wypowiedział te słowa, by wyrwać człowieka z niewoli błędnych – wschodnich czy zachodnich – wierzeń? Uwolnij się więc mentalnie od tych pęt, ponieważ *nie dał nam Bóg ducha bojaźni, ale mocy i miłości, i trzeźwego myślenia* (2Tm 1, 7).

Karma, czy też konieczność zbierania tego, co zasiałeś, wydaje się nieuchronna tak długo, jak długo nie modlisz się lub nie medytujesz nad prawdami Bożymi. A skoro tylko się pomodlisz, wznosisz się ponad karmę i nieprzyjemne konsekwencje przeszłych błędów. Nie ma znaczenia, jak okrutna jest zbrodnia – czy to jest morderstwo, czy jakiś inny ohydny występek – może ona być usunięta z umysłu włącznie z wszystkimi karami, które zazwyczaj po niej następują. Powierzchowna modlitwa nie zmieni tego stanu rzeczy. Może jednak tego dokonać głębokie pragnienie Boskiej miłości i łaski przy jednoczesnym intensywnym pragnieniu przemiany.

Boża miłość przekracza możliwości naszego zrozumienia i oświetla naszą drogę. Cuda i błogosławieństwa Boga nie znają końca. Jesteś w podróży naprzód, wzwyż, do Boga. Zmierzasz od chwały do chwały, od mieszkania do mieszkania w domu Ojca. Życie jest rozwojem. Jesteś w niekończącej się podróży. Raduj się ze swej powrotnej podróży do Jedności, Piękna i Dobra. Nie ma innego miejsca, do którego mógłbyś dążyć.

Religia i nauka mogą wspólnie zgłębiać treść tej starożytnej, hebrajskiej medytacji:

*Jestem źródłem, trwaniem i końcem*
*Wszystkiego, co istnieje.*
*Jestem zalążkiem, źdźbłem i owocem.*
*Jestem źródłem istnienia wszystkich istot;*
*Wspieram je, gdy są jeszcze słabe,*
*I gdy kończy się sen o oddzieleniu,*
*Sprawiam, że wracają one do mnie.*
*Jestem Życiem, kołem Prawa,*
*I drogą, która wiedzie poza to, co widzialne.*
*Poza mną nic więcej nie istnieje.*

Jeśli rozwiniesz swoje zdolności pozazmysłowego postrzegania tak, jak to zostało przedstawione w tej książce, zmobilizujesz wszystkie siły umysłu do osiągnięcia tego, czego pragniesz.

# ZAPAMIĘTAJ

1. Jest jeden umysł wspólny wszystkim ludziom. W uniwersalnej podświadomości zapisane są doświadczenia wszystkich istnień ludzkich. Możesz z nią nawiązać kontakt dzięki pozazmysłowemu postrzeganiu.
2. Twoja podświadomość nie działa na zasadzie indukcji i nie spiera się z tobą. Działa na zasadzie dedukcji i wszystko, co jej przekażesz, traktuje bardzo poważnie (niezależnie od tego, czy treści, które się w niej znajdą, są prawdziwe czy fałszywe), wyprowadzając logiczne wnioski zgodnie z naturą sugestii, którą jej zaaplikowałeś.
3. W stanie hipnotycznego transu mówisz zazwyczaj hipnotyzerowi to, czego on od ciebie oczekuje. Znaczy to, że jeżeli wierzy, iż żyłeś już wcześniej i zastosuje wobec ciebie taką sugestię, to twoja podświadomość odpowie na nią i przedstawi całą mozaikę fantazji niemożliwych do zweryfikowania.
4. Jeżeli – zanim zostaniesz wprowadzony w stan hipnozy – zastosujesz wobec swojej podświadomości mocną autosugestię, że nie wierzysz i nie odpowiesz na życzenia hipnotyzera, i jeżeli twoja sugestia jest mocniejsza od sugestii hipnotyzera, on nie osiągnie zamierzonego rezultatu. Twoja podświadomość akceptuje zawsze dominującą sugestię czy ideę.
5. Cofnięcie się do poprzednich wcieleń w trakcie hipnotycznych eksperymentów nie jest niczym innym jak plastycznym urzeczywistnieniem tego, w co wierzysz, co czytałeś, słyszałeś i czego doświadczyłeś. Twoja podświadomość potrafi z nich utkać różne historie odpowiadające naturze sugestii przekazanej jej w hipnotycznym transie.
6. Twoja podświadomość zawiera doświadczenia wszystkich wieków. Prawdziwy jasnowidz jest w stanie cofnąć się do czasów George'a Washingtona i być świadkiem jego zmagań w Valley Forge. To jednak nie znaczy, że ten jasnowidz był w tym czasie George'em Washingtonem.

7. Możesz się łatwo zestroić z wibracją jakiegoś wcześniejszego cudzego doświadczenia i myśleć, że było to twoje własne doświadczenie. Wszyscy mamy zdolności jasnowidzenia czy jasnosłyszenia, choć przeważnie uśpione. Mogą one zostać przebudzone dzięki pozazmysłowemu postrzeganiu.
8. Masz możliwość w czasie snu być mentalnie w mieście czy miejscu, które życzyłbyś sobie odwiedzić, i wtedy, gdy jedziesz tam rzeczywiście, widzisz, słyszysz i doświadczasz tego samego, co znane ci jest już ze snu. Dlatego możesz myśleć, że już tam byłeś czy widziałeś wcześniej to miejsce. To bardzo powszechne doświadczenie nazywa się obecnie pozazmysłową czy pozacielesną podróżą.
9. W podróży swojego życia możesz spotkać osobę, o której myślisz, że ją zawsze znałeś. On czy ona jest po prostu odzwierciedleniem jakiejś intymnej, skrytej części twojego umysłu. Niektóre elementy naszego umysłu są w swego rodzaju kontakcie z analogicznymi elementami umysłu innej osoby.
10. Pamiętaj, Nieskończony Duch, Nieskończony Umysł czy wszystko to, co ludzie nazywają Bogiem, jest w tobie, działa poprzez ludzi i może być doświadczane na poziomie intuicyjnego wglądu. Ten Nieskończony Umysł doświadczył wszystkich rzeczy, wszystko wie i wszystko widzi, więc gdy zestroisz się z Nim, stopniowo odkryjesz, korzystając z pozazmysłowej percepcji, ukryte w sobie cuda.

**Joseph Murphy**
Kosmiczny wymiar twojej mocy

---

Dzięki tej książce możesz zdecydować się na stworzenie budującej, konstruktywnej postawy ducha, na wiarę oraz pozytywne myślenie, które doprowadzi do urzeczywistnienia się twojej osobowości i do życia w szczęściu i dobrobycie.

**Joseph Murphy**
Prawdy, które mogą odmienić twoje życie

---

Joseph Murphy w swojej kolejnej książce pt. *Prawdy, które mogą odmienić twoje życie* prowadzi nas drogą prostej teorii i skutecznej praktyki. Już sam tytuł tej książki zmusza nas do zastanowienia się, o jakie prawdy tu chodzi – co może zmienić moje życie? Murphy zadaje fundamentalne pytania: Czy mamy wolną wolę? Czy, a jeśli tak, to w jaki sposób możemy zostać uzdrowieni? Czy mamy powody do zadowolenia z siebie, a jeśli nie, to co mamy zrobić, żeby takie zadowolenie stało się naszym udziałem?

**Joseph Murphy**
Mądrość biblijna

---

Jest to książka, w której Joseph Murphy tłumaczy istotę prawidłowości rządzących naszym życiem oraz udziela prostych i skutecznych porad odnośnie tego, w jaki sposób mamy się do nich odnieść, aby osiągnąć sukces, spełnienie i szczęście. Autor przekonuje nas, że cała Biblia nie jest niczym innym, jak historyczno-alegorycznym opisem działania ludzkiego umysłu, który jest dwubiegunowy – świadomy i podświadomy. Świadomość nieustannie wpływa na podświadomość i vice versa, afirmacja zaś – pozytywna bądź negatywna – jest łącznikiem między nimi. Autor niemal na każdej stronie swojej książki pokazuje nam, jak „to działa”.

**Joseph Murphy**
Prawa umysłu

---

„Człowiek sam ściąga na siebie cierpienie, chorobę, ból i różnoraką biedę ignorując prawa umysłu i ścieżki Nieskończonego Ducha. Musisz odrzucić przekonanie, że Bóg jest istotą podobną do człowieka, przepełnioną chęcią zemsty. Bóg jest uniwersalnym prawem, które nie jest mściwe. Bóg nie jest osobą na nasze podobieństwo i naprawdę nie ma względu na osoby (Dz 10, 34)”. „Pamiętaj, że wola Boża względem ciebie nie może być sprzeczna z fundamentalnym dążeniem Zasady Życia do wyrażania Siebie poprzez miłość, piękno, radość, harmonię i wszelką obfitość...”

**Joseph Murphy**
Ukryta moc

---

Książka ta – owoc jego wieloletnich badań – zawiera opisy praktycznych technik, powołuje się na przykłady i nie stroni od anegdot. Czytelnik, który otworzy się na jej przesłanie, nauczy się m.in.: rozwijania swoich ukrytych, pozazmysłowych mocy; wizualizacji przyszłych wydarzeń i – jeśli to konieczne – zmieniania ich; korzystania z daru poza-zmysłowego postrzegania i intuicji; odkrywania przesłania zawartego w snach i wizjach; oceniania przesłań pochodzących od „zmarłych".

**Joseph Murphy**
Terapia modlitwą

---

W tej książce dr Joseph Murphy przedstawia sprawdzone techniki psychologiczne, których zastosowanie pomogło wielu ludziom na całym świecie. Czytając ją przekonasz się, na przykładach wziętych z życia, w jaki sposób modlitwa przywróciła harmonię w rozpadających się małżeństwach, pomogła pokonać takie czy inne przeciwności losu, przetrwać żal i smutek, a także rozwiązać różne życiowe problemy.

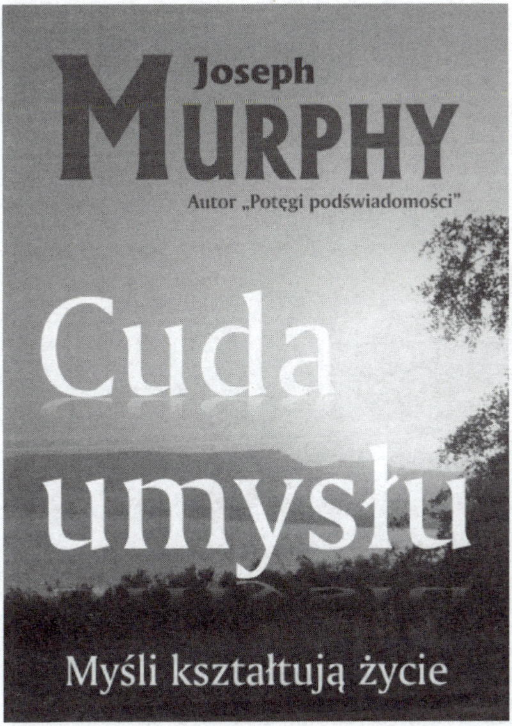


**Joseph Murphy**
Cuda umysłu

---

W tej fascynującej książce dr Joseph Murphy dzieli się z czytelnikiem refleksjami na temat ukrytej w podświadomości mocy, której możemy użyć, by podnieść jakość życia. Dzięki tej niezwykłej i ogromnej siły możemy być zdrowsi i bogatsi; możemy się uwolnić od uzależnienia od alkoholu czy narkotyków; możemy także poprawić jakość małżeńskich relacji i doświadczać radości z podejmowania mądrych decyzji.

**Joseph Murphy**
Uwierz w siebie

---

Twoja wiara w siebie sprawi, że podświadomy umysł poprowadzi cię od pragnień do czynów, od nadziei do jej spełnienia, od marzeń do osiągnięć. Bóg obdarzył cię konkretnymi talentami. Musisz je poznać i zacząć świadomie ich używać. Wtedy uaktywni się twój podświadomy umysł, doprowadzając do urzeczywistnienia tego, co w nim złożysz – podobnie jak gleba, która troszczy się o to, by zasiane w niej ziarno wydało stokrotny plon.
Podążając za myślą Autora przekonasz się, w jaki sposób poeci, artyści, wynalazcy i przedsiębiorcy posłużyli się myślami obecnymi w ich umysłach do osiągnięcia swoich celów. Przekonasz się, że i ty możesz zastosować te same techniki do wzbogacenia swego życia.